COTTA'S BIBLIOTHEK DER MODERNE

21

JEAN AMÉRY

HAND AN SICH LEGEN

DISKURS ÜBER DEN FREITOD

Cotta's Bibliothek
der Moderne

Printed in Germany 1983
Druck: Wilhelm Röck, Weinsberg
Bindung: Lachenmaier, Reutlingen

CIP-Kurztitelaufnahme der Deutschen Bibliothek
Améry, Jean:
Hand an sich legen: Diskurs über d. Freitod / Jean Améry.
Stuttgart: Klett-Cotta, 1983.
(Cotta's Bibliothek der Moderne; 21)
NE: GT
ISBN 3-608-95226-8

INHALT

Die Welt des Glücklichen ist eine andere
als die des Unglücklichen.
Wie auch beim Tod die Welt sich nicht ändert,
sondern aufhört.

Wittgenstein, Tractatus logico-philosophicus

VORWORT

Wer die Bücher des Verfassers kennt, und namentlich seine Studie „Über das Altern", als dessen direkte Fortsetzung die hier nachfolgenden Überlegungen zum Problem des Freitods gelten können, der muß nicht erst orientiert werden: er weiß, daß der vorliegende Band nichts enthalten kann, was von näher oder fernher an wissenschaftliche Arbeit gemahnen könnte.
Wem hingegen der Autor ein Unbekannter ist, der muß redlicherweise gewarnt werden. Niemand wird aus den hier angestellten Erwägungen zu Einsichten gelangen, wie die wissenschaftliche Selbstmordforschung, die „Suizidologie", sie darzubieten sich anheischig macht. Weder wird er also erfahren, in welchem Lande und warum gerade in diesem sich mehr Menschen töten als in einem anderen, noch wird er über die seelischen und gesellschaftlichen Vorgänge (oder Vor-Verläufe), die schließlich zum Freitod führen, Substantielles zu lesen bekommen. Keine Statistiken werden sein Kenntnisvolumen erweitern, keine graphischen Darstellungen sind da, wissenschaftliche Erkenntnis zu veranschaulichen, nirgendwo hat der Autor ein Modell des Suizids entworfen.
Dieser Text ist jenseits von Psychologie und Soziologie situiert. Er beginnt dort, wo die wissenschaftliche Suizidologie endigt. Ich habe versucht, den Freitod nicht von außen zu sehen, aus der Welt der Lebenden oder der Überleben-

den, sondern aus dem Inneren derer, die ich die Suizidäre oder Suizidanten nenne. „Phänomenologie des Freitods" also? Das wäre zu hoch gegriffen. Aller aus dem Worte Logos abgeleiteten und sachbestimmten Begriffe habe ich mich entschlagen: aus Bescheidenheit vor der positiven Forschung. Auch aus Skepsis. Teile der einschlägigen Literatur sind mir bekannt. Ich habe mich aber nur ausnahmsweise da und dort an diese Literatur gehalten, weswegen ich darauf verzichtete, eine Bibliographie beizufügen. Gleichwohl erscheint es mir als nötig, zu verweisen auf Werke und Persönlichkeiten, denen ich Anregungen und Kenntnisse verdanke, ohne die meine Schrift nicht hätte entstehen können. An erster Stelle steht hier Jean-Paul Sartre mit seinem gesamten opus. Wie radikal verschieden auch meine Option und meine Konklusionen von denen Sartres seien, ich habe in geistigen Nöten bei der Niederschrift so oft Zuflucht gesucht in seinem gewaltigen Denk-Bauwerk, daß ich mich gehalten fühle, schon an dieser Stelle ganz ausdrücklich davon zu sprechen. Des weiteren hat das sehr schöne und tiefsinnige, unbegreiflicherweise nicht ins Deutsche übertragene Buch „La Mort" von Vladimir Jankelevitsch wesentliche Einflüsse auf die hier wiedergegebenen Gedanken gehabt. Schließlich verdanke ich einem wissenschaftlichen Werke, dem schon im ersten Hauptstück zitierten (und bislang ebenfalls noch nicht übersetzten) bedeutenden Buch „Les Suicides" von Jean Baechler, für mich völlig neue Einblicke in wissenschaftlich-objektive Tatbestände.

Das Wesentliche aber ereignet in diesem Band sich jenseits der objektiven Forschung. Ein ziemlich langes Leben intimen Umgangs mit dem Tod im allgemeinen, dem Freitod im besonderen, Gespräche mit kenntnisreichen Freunden, lebensentscheidende individuelle Erfahrungen gaben mir jene Selbst-Legitimation, die Bedingung des Schreibens ist.

An manchen Stellen wird man mißverstehend vielleicht meinen, ich hätte hier eine Apologie des Freitods konzipiert. Solcher Fehlauffassung ist nachdrücklich vorzubeugen. Was nämlich als apologetisch erscheinen mag, ist nur die Reaktion auf eine Forschung, die dem „Selbstmord" nachgeht, ohne den seinen Freitod suchenden Menschen zu kennen. Dessen Befindlichkeit ist eine absurde und paradoxe. Ich habe nichts anderes versucht, als den unauflöslichen Widersprüchen der „condition suicidaire" nachzugehen und von ihnen Zeugnis abzulegen – soweit die Sprache reicht.

Brüssel, Februar 1976 Jean Améry

I. VOR DEM ABSPRUNG

Es ist, als stieße man eine sehr schwere, in den Angeln ächzende, dem Druck widerstrebende Holztür auf, um ins Helle zu gelangen. Man wendet all seine Kraft auf, tritt über die Schwelle, erwartet nach dem Dämmergrau, in dem man stand, das Licht: statt dessen aber ist es nunmehr eine ganz undurchdringliche Finsternis, die einen umgibt. Verstört und angstvoll tastet man um sich, erfühlt Gegenstände da und dort, ohne sie identifizieren zu können. Sehr langsam gewöhnt schließlich das Auge sich ans Dunkel. Ungewisse Konturen erscheinen, auch die tastenden Hände werden gescheiter. Nun weiß man sich in jenem Raume, den A. Alvarez in seinem schönen Buch „Der grausame Gott", die „geschlossene Welt des Selbstmords" genannt hat. Des Selbstmords? Ich mag das Wort nicht, werde auch an gegebener Stelle sagen, warum. Lieber rede ich vom *Freitod*, wohl wissend, daß der Akt manchmal, häufig, durch den Zustand drangvollen Zwanges zustande kommt. Als Todesart aber ist der Freitod frei noch im Schraubstock der Zwänge; kein Karzinom frißt mich auf, kein Infarkt fällt mich, keine Urämiekrise benimmt mir den Atem. *Ich* bin es, der Hand an sich legt, der da stirbt, nach Einnahme der Barbiturate, „von der Hand in den Mund". Die Frage der Terminologie ist nur prinzipiell zunächst zu klären, im Laufe des Gesprächs wird man sich wohl der Lässigkeit der Alltagssprache überlassen und dann gelegentlich auch von „Selbstmord“ sprechen und ganz gewiß vom Suizid. Sui caedere, sich töten. – Merkwürdig, wie die latinisierten Formen stets einer Sache ihre Wirklichkeit absaugen. Sie bieten sich handlich dar, so werde ich sie gebrauchen, der Einfachheit wegen, sobald die Realität, die ich im Auge habe, hinlänglich deutlich ist. Der Freitod wird dann zum *Suizid,* der Mensch der sich auslöscht, zum *Suizidanten,* und *Suizidär* ist jener, der das Projekt des Freitods in sich trägt, ob er es ernsthaft erwäge oder mit ihm spiele.

Aber wir sind noch nicht so weit. Eben haben wir ja erst mühevoll die Tür aufgestoßen, uns halbwegs eingerichtet in einer Finsternis, die niemals voll zu erleuchten sein wird, warum nicht, soll noch gesagt werden. Aber hat man denn nicht schon allerorten Leuchtfackeln angezündet? Gibt es nicht Psychologie, uns zu helfen? Soziologie, uns zu orientieren? Existiert nicht lange schon ein Forschungszweig, der sich Suizidologie nennt und dem bedeutende wissenschaftliche Arbeiten zu verdanken sind? Natürlich. Sie sind mir nicht unbekannt; manche von ihnen habe ich durchgeackert. Ich habe das und jenes aus solchen fleißigen Zusammenstellungen gelernt: Wie, wo, warum Menschen sich zurücknehmen, welche Altersklassen die gefährdetsten sind, in welchen Ländern mehr und welchen anderen weniger Freitode man verzeichnet. Übrigens widersprechen die Statistiken einander oft, das gibt den Suizidologen Gelegenheit zu gelehrtem Zank. Was ich noch erfuhr: Begriffe. Kurzschluß-Selbstmord. Gut getroffen. Oder: Narzißtische Krise. Auch nicht schlecht. Oder: Racheakt. „Je me tue parce que vous ne m'avez pas aimé ... Je laisserai sur vous une tache indélébile“, so formulierte es der Dichter Drieu la Rochelle, der sich schließlich umbrachte, aber nicht einer widerspenstigen Angebeteten wegen, sondern aus Angst vor den Rächern der Résistance.

Wie einfach das doch alles ist, man braucht nur aufmerksam der Fachliteratur zu folgen und weiß dann – was? Nichts. Wo immer der Suizid als ein objektives Faktum betrachtet wird, als gehe es um Galaxien oder Elementarpartikel, entfernt der Betrachter, je mehr Daten und Fakten er sammelt, desto weiter sich vom Freitod. Seine Kategorien, wissenschaftlich verdienstlich, vielleicht sogar therapeutisch brauchbar – nur: was heißt hier schon Therapie? – sind Vehikel, die ihn in ständig akzelerierendem Tempo dem magischen Bannkreis der „geschlossenen Welt" entreißen – schließlich ist seine Entfernung nur noch in Lichtjahren meßbar.

In seinem lehrreichen Büchlein „Le Suicide" zitiert der französische Suizidologe Pierre Moron die Arbeit eines Kollegen, in der es heißt: „Der Gedanke des Selbstmordes, einfache mentale Repräsentation des Aktes, ist theoretisch auszuschließen aus einer Studie über das suizidäre Verhalten, welches per definitionem erst mit der Geste beginnt. Diesen aber als Virtualität des Aktes betrachtend, kann man in dem Gedanken die gleichen instinktiell-affektiven Impulse auffinden wie im Akt: die Absicht, sich den Tod zu geben." Das nenne ich mir scharf denken, dem Mann kann nichts entgehen. Aber man vergegenwärtige sich nun den 23jährigen Otto Weininger, der vor sich hin starrt und in dessen zum Tode erregten Hirn sich immer wieder nur das *Weib* spiegelt, das er verachtet, ohne seines Begehrens nach ihm Meister werden zu können; der stets nur den *Juden* sieht, das schimpflichste, niedrigste aller Geschöpfe, den Juden, der er selber ist. Vielleicht war es ihm, als befände er sich in einem schmalen Raum, dessen Wände immer enger zusammenrücken. Dabei wurde sein Kopf größer, wie ein Ballon, den man aufbläst, und zugleich dünner. Der Kopf schlägt an alle vier einander unerbittlich sich nähernden Mauern. Jede Berührung schmerzt und hallt wider, wie der Schlag auf eine Kesselpauke. Am Ende trommelt der nach allen Richtungen rennende Weininger-Schädel einen rasenden Wirbel – bis er. Bis er zerspringt oder „durch die Wand fährt", sagen jene, die außerhalb des Raumes stehen und ihn beobachten. Ihn geht das nichts mehr an. Und noch viel weniger hätte ihn betreffen können, was der versierte Herr aus Frankreich vorbringt. Weininger wußte nichts von einem „suizidären Verhalten". Er sah und hörte, so meine ich, spekulierend zugegeben, aber mit aller Kraft eines sich zusammennehmenden Herzens, nur ohne Unterbrechung: Weib, Jude, Ich, weg mit allem. – Sind wir schon im Begriffe, uns im Dunkel, in das wir eintraten, zurechtzufinden? Ich glaube es, denn schon haben wir verzichtet darauf, das also benannte „suizidäre Verhalten" zu sezieren wie der Gerichtsmediziner ein Stück toten Gewebes, schon sind wir auf dem Wege *nicht weg* von dem sich vernichtenden Menschen, sondern *hin* zu ihm, er wird es uns danken, sofern der Zufall will, daß er überlebt hat, ohne Freude. Und wenn er es uns nicht dankt, dann müssen wir dennoch nicht unbedingt im Unrecht sein, eher mag es sich so begeben, daß der Freund X, der es überstand, sich selbst verlassen hat, rückgerufen und nachgiebig-schamvoll sich unterwerfend *der Logik des Lebens,* aus deren Panzer er schon ausgebrochen war.

Gleich wird ein hochgezüchteter gesunder Menschenverstand, der freilich niemals hinauslangen kann über sich selber, uns einwerfen: Weininger? Warum gerade von diesem beispielgebend sprechen? Und mache hier nicht vielleicht intellektueller Hochmut sich wichtig? Denn es gebe ja psychologisch ganz andere Formen „suizidären Verhaltens", multikausal bedingte, überaus schwer entwirrbare, wie sie eben nur der Fachmann der Auto-Aggression, des oedipalen Konflikts, der „social isolation", der narzißtischen Neurose, der epileptoiden Disposition, der hysterischen Theatralik, kurz: der mit psycho-soziologischem Instrumentarium bewaffnete Experte mit Fug bereden dürfe! Warum gleich eingangs einen geistesgeschichtlichen Mythos heraufbeschwören, den Selbsthaß-Juden Weininger und seine Tathandlung vereinfachend-metaphorisch präsentieren? Ich weiß. Ehre, dem Ehre gebührt, und die Wissenschaft flößt mir so viel Respekt ein, daß ich niemals wagen würde ... Respekt, ja. Aber auch ein wenig Verachtung. Weiter denn. Es gibt Formen, Entwicklungsgeschichten, Ideen des Freitods, die so unterschiedlich sind, daß man meint, nur sagen zu dürfen: ihre Gemeinsamkeit besteht in nichts anderem, als daß der Suizidär den Freitod suchte.

Halten wir uns fürs erste nur an jene, die da suchten und fanden, die Suizidanten also, und werfen wir die Frage auf: ob wirklich nicht noch anderes sie einte als die objektiv konstatierte Tatsache, daß sie ihrem Leben ein Ende bereiteten. Wir werden sehen. Unleugbar ist es ja so, daß es Suizid-Handlungen gibt, die auf den ersten Blick ihren Kausalverläufen, ihren trans-suizidären Intentionen, ja ihrem *Range* nach kaum etwas miteinander zu tun haben. Mir fällt eine Nachricht ein, die in meiner Jugend in Österreich durch die Presse ging: Eine Hausgehilfin hatte sich, wie die damalige Zeitungssprache es ausdrückte, „aus unglücklicher Liebe zu einem Radio-Liebling" aus dem Fenster gestürzt. Wie soll man diesen Akt übereinbringen mit anderen, offensichtlich ganz inkommensurablen Todeswünschen, Todesfindungen? In hohem Alter erschoß sich ein Psychoanalytiker, Freud-Schüler der ersten Generation, P. F. Er hatte kurz zuvor seine Gefährtin verloren; er litt außerdem an einem nicht mehr operablen Prostatakrebs. Wenn er zum Revolver griff, so war dies eine Sache, die ein jeder begreifen, so nicht mit ernster Miene gedämpft gutheißen wird. Der Mann hatte ein großes und reiches Arbeitsleben gelebt, erfahren, erfüllt. Nichts anderes konnte noch auf ihn zukommen als Körperschmerz und Einsamkeit: Was man Zukunft nennt, war blockiert, so machte er eine Nicht-Zukunft, die nur Todesumfangenheit im Leben bedeutet hätte, zur klaren Sache, zum Tod. Oder Sigmund Freud selber. Der Gaumenkrebs des Greises war im finalen Stadium. Der Patient stank aus dem Munde wie die Pestilenz, so daß sein Lieblingshund ihm nicht mehr zuging. Da sagte er zum Leibarzt, es sei das alles jetzt nur noch Quälerei, und forderte die befreiende Spritze, die der alte Freund nicht verweigerte. Auch das ein deutlicher Fall von sozial anerkennenswertem und anerkanntem Freitod. Wie aber war es, wenn Cesare Pavese auf der Höhe des Ruhmes und schriftstellerischer Kraft sich umbrachte wegen einer „belanglosen Liebesaffäre"? Oder wenn Paul Celan, L'Inconnu de la Seine, wenn Peter Szondi, der Unbekannte eines Berliner Sees, die löschenden Fluten besser fanden als ein Leben in Ehren und Ansehen? Haben Pavese, Celan und Szondi mehr mit der sich defenestrierenden Hausgehilfin aus Wien zu tun als mit Freud und P. F.? Und wie ging das zu mit Schnitzlers Leutnant Gustl, einer erfundenen, durchaus aber lebensgetreuen Gestalt? Er brachte eine Nacht im Prater zu mit Gedanken an die Unausweichlichkeit des Freitods, weil ihn ein an Körperkräften überlegener Bäckermeister bei einer Auseinandersetzung daran gehindert hatte, seinen Säbel zu ziehen, wie der Ehrenkodex der k.u.k.-Armee es befahl. Er hätte sich sagen können: Gut, der Kerl war stärker als ich, was nicht meine Schuld ist; und wenn er nun die Gemeinheit hat, die beschämende Geschichte laut werden zu lassen, und wenn darauf meine Vorgesetzten stumpfsinnig genug sind, mich aus der Armee auszustoßen, ist das meine Sache nicht mehr; ich nehme selber meinen Abschied und gehe in die Verwaltung. Aber des „Kaisers Rock“ war ihm eine ebenso unerläßliche Voraussetzung allen Daseins wie der Hausgehilfin die Liebe des Sängers mit der schmelzenden Stimme. Er wollte, konnte ohne diesen so wenig leben wie das Mädchen ohne die Liebe des Mannes, der da zärtlich sang „Zwei Märchenaugen, wie die Sterne so schön“, und er erschoß sich nur darum nicht, weil er, noch ehe er zur Waffe griff, zufällig erfuhr, es sei der armgewaltige Bäcker in selbiger Nacht einem Herzschlag erlegen. Leutnant Gustl und die Hausgehilfin standen unter anderen Gesetzen eines würdigen Lebens als Freud, Federn, Pavese, Celan, Gesetzen, denen sie unter den gegebenen Umständen nicht gehorchen konnten.

Dies setzt die Urteile der Suizidologie nicht außer Kraft. Sie würde im Falle des Leutnant Gustl von der zwingenden Verbindlichkeit eines inhumanen Ehrenkodex sprechen, in dem der Hausgehilfin von dem auslösenden Faktor – der unglücklichen Liebe – der den nur tieferliegenden Lebensunmut des Geschöpfs zur suizidären Explosion gebracht habe, bei Celan und Szondi vielleicht von endogenen Depressionen. Die Suizidologie hat recht. Nur sind für den Suizidanten oder den Suizidär ihre Aussagen leer. Denn worauf es diesen ankommt, ist die je totale und unverwechselbare Einzigartigkeit ihrer Situation, der „situation vécue“, die niemals vollkommen mitteilbar ist, so daß also jedesmal, wenn einer stirbt von eigener Hand, oder auch nur zu sterben versucht, ein Schleier fällt, den keiner mehr heben wird, der günstigstenfalls so scharf angeleuchtet werden kann, daß das Auge ein fliehendes Bild erkennt. – Es wird von solchen Bildern noch zu sprechen sein. Zuvor sei nur nochmals danach gefragt, was unsere Exempel, jenseits der objektiven Fakten, daß der Freitod vollzogen wurde oder als unausweichlich erschien, miteinander gemein haben. Die Antwort ist leicht zu geben. Sie klingt dem ersten Hinhören trivial, der gründlicheren Analyse wird sie den Abgrund des Lebensrätsels auftun. Ich spreche von der *Situation vor dem Absprung*.

Diese ist, ungeachtet der psychologischen Motivierung, der seelischen Kausalzusammenhänge, an deren Ende der unbeschreibliche Akt steht, fundamental in allen Fällen die gleiche. Der Suizidant oder Suizidär – denn hier kommt es nicht darauf an, ob der Tod eintritt oder nicht – schlägt mit seinem Kopf den rasenden Trommelwirbel gegen die anrückenden Wände und stößt schließlich mit diesem dünngewordenen und schon wunden Schädel durch die Mauer. Er mag in großer Serenität den Freitod geplant haben als einen, wie die einschlägige Wissenschaft es nennt, „Bilanz-Suizid"; er mag unter dem jähen Druck einer ihm unerträglichen äußeren Lage zu dem getrieben worden sein, was als „Kurzschluß-Selbstmord" bezeichnet wird; der Suizidär mag im Zustand von Trauer und Melancholie lange schon hingedöst haben oder, im Gegenteil, noch wenige Stunden zuvor, zeugenschaftlich belegt, guten Mutes gewesen sein – der Moment vor dem Absprung macht alle Unterschiede irrelevant und stellt eine aberwitzige Egalität her. Differenzen sind allemal Sache der Angehörigen oder auch der Wissenschaft. Diese spricht, wenn es beispielsweise um den Fall unserer Hausgehilfin geht, von „unbeträchtlichen Anlässen". Was weiß sie? Alles, was man von außen wissen kann, das heißt: nichts. Ich kannte einen Mann, der wegen einer ehelichen Szene eine ausreichende Anzahl von Schlaftabletten einnahm, durch puren Zufall „gerettet" wurde, vierundzwanzig Stunden im Koma lag und heute noch lebt. Man schleppte ihn zu einem befreundeten Neurologen, der weise sagte: Denken Sie doch daran, daß derlei Dinge, Ehekrachs, Tränen, Versöhnungen, ins Gebiet des Vaudeville gehören. Dem Mediziner war eine Bagatelle entgangen: Was Vaudeville sein soll, und was Tragödie, entscheidet der Autor. Die Situation vor dem Absprung, die manchmal nur einen Augenblick währt, ein andermal aber auch zu qualvollen Stunden sich hinzieht, löscht mit allen anderen Unterschieden auch den des Ranges aus: dann macht die Hausgehilfin die gleiche heroische oder jammervolle Figur wie ein großer Dichter, ein berühmter Psychologe. Die vielleicht einfältige Person, die da vor vielen Jahrzehnten aus dem Fenster sprang, werde ich nicht los. Wie begann das? Mit „Zwei Märchenaugen, wie die Sterne so schön", schmelzend gesungen und im Kopfhörer, mit dem sie allein auf ihrem schmalen Bettrand saß, leise wiedertönend. Undenkbar, dieser zärtlichen Lockung Willen entgegenzustemmen. Vielleicht hat sie über die Funkanstalt der herzaufweichenden Stimme geschrieben und keine Antwort erhalten. Mag sein, sie hat in irgendeinem Papierwarenladen das Photo des Künstlers gefunden, eines Mannes mit ölglatt am Kopfe klebenden schwarzen Haaren, weichen Wangen und gegenstandslos-süßem Lächeln. Sie liebt, wird nicht wiedergeliebt, es kann nicht weitergehen mit dem bloßen Zuhören. Die Welt wird, wenn nicht der Arm des Mannes im Smoking sie umfängt, zu einer Welt der Tortur und des Wahnsinns. Wem immer sie davon spricht, dem Mädchen von der Nebenstiege, dem Fleischerburschen, es ist das nämliche: man hört nicht hin. Sie sagt, ich kann nicht mehr. Sigmund Freud sagte: Das ist jetzt nur noch Quälerei. Vor dem Absprung finden sie sich — und wagt da jemand ein ironisches Lächeln oder ein gelehrtes Wort? Dieses entziehe ich auf der Stelle einem jeden, und habe er sich glänzend ausgewiesen durch suizidologische Veröffentlichungen. Mitreden darf nur, wer da eingetreten ist in die Finsternis. Er wird nichts herausfördern, was im Lichte draußen als nützlich erscheint. Es wird ihm das aus der Tiefe Hervorgeholte im Tage zwischen den Fingern durchlaufen wie feiner Sand. Daß dennoch er, und nur er, auf dem rechten, das heißt: dem Ereignis entsprechenden Wege war, wird jeder Suizidär ihm bestätigen, wenn er bei sich bleibt, sich nicht selbst verleugnet. Angenommen sei gern, man hätte die Köchin oder Pavese oder Celan gerettet, in Therapie genommen, und einhellig hätten alle drei bekundet, sie wären nur augenblicksweise verstört gewesen, nun sei alles gut. Vergeben, vergessen. Erfüllt seien sie nun von Dankbarkeit gegenüber den rettenden Händen und den aufklärungsreichen Worten. Freunde, das Leben ist doch schön. Aber was beweist dies? Doch wohl nur, daß sie nach erfolgreicher Therapie *andere* Menschen sind, nicht aber, daß sie bessere, würdigere wurden. Hier ist, meine ich, der Temporalität und der Historizität Einhalt zu gebieten.

Jean Barois, Titelheld des Romans von Roger Martin du Gard, schrieb im Alter von vierzig Jahren ein Testament: Er wünsche kein christliches Begräbnis, denn jetzt, im Vollbesitz seiner moralischen und intellektuellen Kräfte bekenne er sich als Atheist, und was er später, in herabgesetzter Verfassung, sagen oder tun werde, dürfe nicht gelten. Jean Barois, als alter und kranker Mann, ließ in der Sterbensstunde den Pfarrer kommen. *Wer* war nun der Eigentliche? Wo es mit Temporalität und Historizität gehalten wird, dort muß es logischerweise heißen: Jean Barois war der sterbende alte Mann, der um den Priester bat, denn alle voraufgegangenen Lebensmomente hätten sich aufgeschichtet in ihm, hätten in der Schichtung einander durchdrungen, jegliche spätere habe alle je früheren assimiliert und damit verwandelt. — Ich sage nicht dezidiert, daß dies nicht so sei, wiewohl meine persönliche Sympathie dem in Kräften stehenden Vierzigjährigen gehört. Ich sehe ab von dieser meiner persönlichen Neigung und gebe nur zu bedenken, daß jeder zeitliche Abschnitt unserer Existenz, ja de facto jeder Moment, seine eigene Logik und eigene Ehre hat, daß der zeitliche Reifungsprozeß zugleich auch ein Sterbensprozeß ist und daß denn also mein armes Hausmädchen möglicherweise später niemals den gleichen Grad von Authentizität erreicht haben würde wie damals, als sie aus dem Fenster sprang. Hat also die große Liebe sie geadelt? Unsinn. Sie hat sie nur voll erfüllt, hat ihrer Existenz eine Densität verliehen, die ihr später beim braven Mann und inmitten fröhlicher Kinderschar kaum noch vergönnt gewesen wäre. Am extremsten und hierdurch wahrsten lebte sie im Moment des Absprungs.

Von diesem ist wieder und wieder zu sprechen, er ist das Alpha und Omega des Problems. Was da geschieht, es ist offenbar. Der Tod, mit dem wir auf jeden Fall zu leben haben, sobald wir älter werden, der in uns wächst und als angor sich fühlbar macht oder von außen als Terror uns droht, der Tod wird hier herangerissen. Das Wort „heranreißen" hat den gleichen metaphorisch zwielichtigen Charakter, als würde es anders lauten, etwa: daß wir in den Tod *flüchten*. Wohin fliehen wir? Nirgendwohin. Eine Reise treten wir an, um an keinem vorstellbaren Punkte anzukommen. Und was reißen wir an uns? Das Wort versagt, muß versagen, denn „der Tod ist nichts, ein Nichts, eine Nichtigkeit", habe ich an anderer Stelle geschrieben. Dennoch, ob „flüchten" in eine Region, die es nicht gibt, oder etwas an sich ziehen, das kein Sein hat, also nicht das „Nichts" ist, was mir immer als liederliche Ausdrucksweise vorkam, sondern einfach „nicht", ist zweierlei. Das Warten auf den Tod ist nur eine Art von passiver Handlung, soferne dieses Paradox erlaubt ist, das die Grammatik mir aufzwingt. Der Freitod aber, das Sich-selbst-Töten, ist nun unzweifelhaft nicht nur grammatisch, sondern auch faktisch Aktivität. Das Zum-Tode-hin-Leben und der autonome Akt des Freitods sind so ohne weiteres nicht vergleichbar, mag immerhin das Resultat in beiden Fällen dasselbe sein. Wer sterben muß, der ist im Zustande des Antwortens auf ein Geschick, und seine Gegenrede besteht in Furcht oder Tapferkeit. Der Suizidant oder der Suizidär aber redet selber. Er spricht das erste Wort. Er kann nicht fragen: „Tod, wo ist dein Stachel?", nachdem in irgendeiner Form (Krankheit, Gefahr oder einfach Nachlassen der Vitalität) der Tod ihn von sich aus angeredet hat. Vielmehr muß er es sein, der ruft – und es ist der Tod, der die unverständliche, die unvernehmbare Antwort erteilt. Das macht: der Suizidant steht gleichsam auf aus der Matratzengruft, in die er gebettet war, und schlägt zu. Die Mauern rückten näher, das ist eins; aber „La tête contre les murs" (Titel eines Romans von Hervé Bazin), das ist das andere, ganz und gar. Wer den Freitod sucht, bricht aus, ich deutete es schon an, aus der Logik des Lebens. Diese ist uns gegeben, das weiß der Biologe so gut wie der Verhaltensforscher, wie vielleicht auch der Physiker, denn jüngste Arbeiten der theoretischen Physik scheinen den freilich jenseits des älteren Vitalismus gelegenen Schluß zuzulassen, es seien Bios und Mensch vielleicht mehr als „Zufallstreffer", wie Jacques Monod es meinte. Die Lebenslogik ist uns vorgeschrieben oder, wenn man will, „programmiert" in jeder Reaktion im Alltag. Sie ging in die Tagessprache ein. „Man muß schließlich leben", sagen die Leute, alles Miserable, das sie anstellten, entschuldigend. Aber: *Muß man leben?* Muß man da sein, nur weil man einmal da ist? Im Moment vor dem Absprung zerreißt der Suizidant eine Vorschrift der Natur und wirft sie dem unsichtbaren Vorschreibenden vor die Füße wie ein Theater-Staatsmann einem anderen den Vertrag, der inskünftig nur noch ein Fetzen Papier ist. Noch ehe gefragt wurde, schreit der den Freitod Suchende gellend: Nein! Oder er sagt dumpf: Man muß vielleicht, ich aber will nicht und beuge mich nicht einem Zwange, der sich von außen als Gesetz der Gesellschaft und von innen als eine lex naturae drangvoll spürbar macht, die ich aber nicht länger anerkennen will.

Dies ist die Stelle, an der sich alle finden, die Kleist, Chatterton, Pavese, die Celan und Szondi und die Namenlosen ohne Zahl, die da, „gelinge" ihr Vorhaben oder nicht, etwas tief Mysteriöses und logisch Widersprüchliches tathaft zur Aussage bringen, ich meine den Satz: „Das Leben ist der Güter höchstes nicht." Mit diesem Wort ist vernünftigerweise schlecht auskommen. Ich sehe ab davon, daß es von dem, der es prägte, hingeschrieben wurde, ohne daß viel Nachdenken voraufgegangen wäre, nur sicherer theatralischer Wirkung wegen. Denn: was soll das heißen? Güter kann es nur im Leben geben, nicht in der nichtigen Nichtigkeit des Todes, und also muß das Leben solcher Güter erstes, letztes, tiefstes und höchstes sein. Aber steht nun einer vor dem Absprung, erhält das widersinnige, logisch streng abzuweisende Urteil für ihn einen guten Sinn, der allerdings ist schon jenseits des Lebens und dessen Logik; jenseits aller Vernunft, die nur des Lebens dienstbarer Geist ist, jenseits alles dessen, was noch der gründlichste Forscher des Wissenszweiges Suizidologie vorzubringen vermöchte. Zweie habe ich wieder im Auge, die mir innerlich näherstehen als die großen Suizidanten und Suizidäre der Welt- und Geistesgeschichte, näher als Empedokles oder Demosthenes oder Cato oder die sich als Brandopfer der Befreiung darbietenden Buddhistenmönche oder Stefan Zweig oder Montherlant. Leutnant Gustl. Das Hausmädchen. Des „Kaisers Rock", den Gustl trägt, ist demnach mehr wert als das Leben, widersprüchlich, denn nur den Lebendigen bedeckt dieses Kleidungsstück. Der ölige Mensch mit seinem süßen Song und seinen zwei Märchenaugen gilt mehr als das Dasein, widersprüchlich durchaus, denn jenseits des Lebens gibt es keine Smoking-Bezauberung und keine Zärtelstimme. Es war denn ein absurder Akt, den das Mädchen beging; es ist ein absurdes Verhalten, daß Leutnant Gustl die Nacht im Prater verbringt, wissend, er werde im Morgengrauen in seinem kahlen Zimmer in der Kaserne den Revolver ziehen und sich eine Kugel in die Schläfe schießen.

Ich bitte um Verständnisbereitschaft. Gemeint ist hier nämlich nicht die Absurdität der psychologischen Motive – des k.u.k. Offiziers-Kodex da, der Wertbesetzung Süßholz zerschmelzender Stimme dort. Die psychische Verfassung Gustls und des Mädchens ist *auch* absurd, es versteht sich von selbst. Der Mensch kann leben ohne Portepee, kann auch leben ohne eine Männerschönheit, die, bei Licht betrachtet, sich vielleicht so lamentabel ausnimmt wie die des Sängers Müller-Rosé, den der Knabe Felix Krull in der Garderobe sah, wie er sich abschminkte. Die Absurdität, die ich im Sinne habe, liegt auf einer höheren – höheren oder tieferen, das ist Sache der Redegewohnheit – jedenfalls auf einer anderen Ebene als der psychologischen. Auf dem von mir ins Auge gefaßten existentiellen Plan ist der psychologisch und sozial doch so eindringlich-nachfühlbare Suizid des bedeutenden Psychoanalytikers P. F. nicht weniger absurd, denn auch er ist eine Absage an die Logik des Lebens. Oder soll ich sagen: die Logik des Seins? Es gilt mir gleich, denn ohnehin kann ich sprachlich nur unzureichend vermitteln, was per definitionem außerhalb der Sprache liegt. Wie immer: auch der schwerkranke, alte, vom Leben gesättigte, des Geistes volle Psychologe eilte, bewaffnet mit seiner Pistole, dem Nicht entgegen. Den Körperschmerz und das Leid um die hingegangene Gefährtin war er los. Wer aber nicht ist, kann auch keiner Pein ledig sein. Nicht anders als das Mädchen sprengte P. F. die Fesseln der Logik des Lebens auf und warf sich, metaphorisch, einem Nicht an die Brust, das keineswegs die lindernden und süßen Erleichterungen gewährt, die jeder kennt, dem man eine euphoriezeugende Spritze Morphium gab. – Ich glaube in vollem Ernste daran, daß der Diskurs über den Freitod erst dort beginnt, wo die Psychologie endet. Doch gilt es, nüchtern zu sein, den Mund nicht voll zu nehmen mit „hoch" und „tief". Einzugestehen ist vielmehr, daß diese Nachdenklichkeiten so gut wie nichts ergeben für den, der, wie es im Liede heißt, „im Leben steht, noch frisch und froh", daß sie im Grunde nur den Suizidär angehen oder, um den Kreis noch enger zu ziehen, den allein, der seinerseits schon an der Schwelle steht, die ihm zum Sprungbrett des Absprungs wird. Für diesen allerdings, da er sich doch längst jenseits befindet der Allerwelts-Allerlebensweisheit „man muß schließlich leben", mag derlei Tasten im Dunkel, derlei unsicher sich fortbewegende Rede des nicht mehr Beredbaren das einzige sein, das ihn noch betrifft. Man stelle sich Leutnant Gustl im Angesicht eines lebensvernünftigen Mannes vor, der ihm sagt: Guter Freund, es gibt so viele Zivilisten, die auch leben; warum bildest du dir ein, du könntest nicht sein als einer wie sie? Die Sonne lacht auch dem Bürgerrock, die Mädchen lieben auch Männer ohne Achselklappen. Arthur Schnitzler, er selber ein Mann der Vernunft, des Lebens, der heiter-pessimistischen Aufklärung, hat noch ein anderes Werk verfaßt, das Drama „Freiwild", wo es gleichfalls um einen Offizier geht, der wegen eines verrückten Ehren-Unehren-Handels zum Freitod sich entschließen muß. Da tritt ein humaner Mann auf, der dem Kameraden rät, abzurüsten, da dieser an einen Unrechten geriet, der ihm nach einem Streit um ein Mädchen die „Satisfaktion" verweigerte. Der Offizier aber sagt: Als was soll ich weiterleben, nachdem ich der Oberleutnant Karinski gewesen bin? Und darauf der Freund: Nun, was ist denn der Oberleutnant Karinski so Großes gewesen? Und dieser dawider: Alles, für mich alles! – Der Dichter steht deutlich auf der Seite human-urbaner Einwände gegen etwas, das er gewiß als einen „Wahn" angesehen hat. Jedennoch, da er kein Psychologe, kein Psychotherapeut war, sondern eben der Dichter Arthur Schnitzler, zwingt er auch den Leser in Karinskis kaiserlichen Offiziersrock, so daß man sich am Ende sagt: Ja, was soll der arme Kerl denn wirklich werden, nachdem er doch nun einmal der Oberleutnant Karinski war? Oder der Fall Weininger. Da hole man sich einen Psychotherapeuten, ich würde meinen, am besten einen von den sanften, die mit dem Herrgott direkte Verbindung haben. Und dieser redet, wie es im Österreichischen heißt, dem Weininger zu „wie einem kranken Roß". Aber mein lieber junger Freund, erstens stimmt es nicht, daß das Weib, das du begehrst und hassest, eine Lilith ist, zerstörend und schändend mit dem schwarzen Gebüsch zwischen Lilienschenkeln; zweitens ist mitnichten der Jude, der du bist, aber zu sein nicht erträgst, die abscheuliche Kreatur, als die du ihn siehst; ich gebe dir gerne Exempel auf Exempel, das genaue Gegenteil zu beweisen. Es hätte der logotherapeutisch Bemühte, der in der Praxis natürlich nicht so primitiv argumentieren würde, vielmehr der Sache „auf den Grund" ginge, um Weiningers Selbsthaß ad absurdum zu führen, im Globalsystem des *Lebens* unantastbares Recht auf seiner Seite. Da aber Weininger, so sei hier unterstellt, im Augenblick, da die trostvollen, lichtreichen Worte ihn erreichten, schon auf der Schwelle stand, wäre dergleichen Lebensweisheit nur Narrenschellen-Geklingel gewesen. Für ihn, meinte der Offizier in Schnitzlers „Freiwild", sei der Oberleutnant Karinski alles gewesen. Für ihn, Weininger, war der Jude,

war er selber, ein schmutziger Abschaum, den nur der Tod fortspülen konnte. Der eine wie der andere wird sich vom Zusprechenden angeekelt wegwenden.
Nicht nachdrücklich genug kann ich darauf beharren, daß wir uns mit solchen Erwägungen trotz da und dort psychologischer Seitenblicke außerhalb des Bereiches der Psychologie befinden; diese ist Sache des Fachmannes. Der Akt des Absprungs aber, wiewohl er noch psychologischer Impulse voll ist, kann nicht mehr psychologischer Einsicht offenstehen, da ja hier mit der Logik des Lebens und damit auch der Psychologie gebrochen wird. Holen wir gemeinsam einen Augenblick Atem, um uns noch einmal mit dem nicht ganz einfachen Begriff der „Logik des Lebens", welcher der Psychologie übergeordnet ist, zu befassen, denn es reicht nicht aus, wenn man sich bloß auf Fakten von Selbst- und Arterhaltung beruft. Seit Jahr und Tag haben verbindliche Arbeiten über die Grundlagen der Logik auf unüberschreitbare Weise und nichtachtlich gewisser Differenzen, die sie gegeneinander austragen, ein, wie ich meine, unumstößliches Faktum ergeben: die Aussagen der Logik sind *leer*. Sie sind ihrem Wesen nach tauto-logisch, sind „analytische Urteile" in der Terminologie Kants oder Regeln zur Umformung von Gedanken. Sie sagen nichts aus über die Wirklichkeit, beziehungsweise sie bringen niemals Neues zur Erkenntnis dieser Wirklichkeit bei. Desungeachtet ist allerwegen die Wirklichkeit ihre Grundlage. Daß etwas nicht zugleich sein und nicht sein kann, ist eine Urerfahrung, die wir der Realität entnehmen. Spreche ich also von einer Lebenslogik oder Logik des Seins, dann meine ich, daß alle logischen Schlüsse, die wir in Aussagen über das Leben ziehen, stets an das Faktum dieses Lebens gebunden sind. Man kann nicht sagen, um gut zu leben, ist es am besten, nicht zu leben, dies wäre reiner Unsinn. So umgreift nun die Logik des Seienden auch die Logik der

Gesellschaft, die Logik des Verhaltens im allgemeinen, die Logik täglicher Verrichtung und schließlich jene formale Logik, die den Tod ausscheiden muß. Was Epikur gesagt hat und worauf zu verweisen ich nicht müde werde, nämlich: daß der Tod uns nichts angehe, da doch, solange wir sind, er nicht ist, und sobald er eintritt, wir nicht mehr sind – bleibt gültig. Und es bleibt leer auf fast schon humoristische Art. Aber mehr als leer, abgründig widerwärtig für den, der es mit dem Tod zu tun hat, ist der Gedanke, daß auch dieser seine Logik hat. Die *Todeslogik* ist keine im üblichen und allein der Vernunft standhaltenden Sinne, denn sie erlaubt keinen anderen Schluß als nur den einen, immer und immer wieder: nicht ist gleich nicht, womit die an sich schon wirklichkeitsleere Aussage jeglichen logischen (id est: analytischen) Urteils die letzte Realitätsbindung verliert, jene zumal, in der die Gleichsetzung zweier Seinskategorien, die symbolisch aufgezeichnet seien, wie in der Mathematik, oder der Alltagssprache verhaftet, sich nun auf etwas bezieht, das nichts und nicht ist, reine Negation, verfluchte Unausdenklichkeit.
Tatsächlich, und darauf allein kommt es mir an, steht der Mensch vor dem Absprung gleichsam noch mit einem Bein in der Logik des Lebens, mit dem anderen aber in der widerlogischen Logik des Todes. Da mit der Logik des Lebens nicht nur die immanente des selbst- und arterhaltenden Verhaltens gemeint ist, der wir tributär sind, sondern auch die aus ihr als Abstraktion höherer Ordnung gewonnene, die Seiendes gegen Seiendes abwägt, eins gegen das andere stellt und also zur Erkenntnis des logischen „Wahr“ und des „Falsch“ kommen kann, wobei wahr ebenso wie falsch als Seinskategorien stets stillschweigend unterstellt werden, weil es vom Sein zum Nichtsein keine Brücke gibt, sind wir so hilflos im Nachdenken über den Tod. Der Abspringende dagegen ist in des Wortes eigentlichstem Sinne

– und gleichgültig, ob auf empirischer Ebene sein Akt zum Ende führe oder einen „Geretteten" im Vakuum hängen lasse – halb und halb schon „hinüber", wie die metaphorische Sprache sagt. Hinüber? Es gibt dieses „Drüben" nicht: der Springer vollzieht das Unbeschreibliche und logisch Verkehrte; „Le faux, c'est la mort", heißt es bei Sartre. Er ist zerrissen zwischen Lebenslogik und Todeslogik: darin besteht die ontisch trübe Einzigartigkeit seiner Situation. Er kennt die Todeslogik oder Todes-Antilogik, auch wenn er nichts darüber zu sagen weiß, selbst wenn im psychologischen Begriffs- und Ausdruckssystem für sie kein Raum bleibt. Wie vergleichsweise leicht hat es doch die Suizidpsychologie, die entweder nach terminologisch unverrückbarer Methode den Suizidär seziert oder, im günstigeren Fall, in Behutsamkeit, auf den Zehenspitzen sozusagen, sich ihm nähert. Deshalb zumal, weil der gerettete Suizidär ja wieder eingekehrt ist in die Lebenslogik und deren Sprache spricht, zur Genugtuung der Angehörigen, der Gesellschaft. Dann erschließt sich, was wir in den meisten Studien über den Suizid lesen. Der Abgesprungene hat vom Tode nichts gewußt, hat ihn verwechselt mit Lebenszuständen. Der dem Leben Wiedergewonnene sagt oftmals schamvoll – denn es ist in unserer Zivilisation der Suizid eine Sache, deren man sich schämt, wie übrigens der Krankheit, wie noch eindeutiger der Armut –, er habe „Ruhe haben wollen, Frieden": als ob der Tod ein Zustand wäre, beschreibbar in Seinskategorien, und nicht vielmehr das nichtige Nicht. Ein zeitgenössischer Selbstmord-Forscher erzählt, wie ein dem Freitod Entrissener sagte, er habe es sich nach Einnahme einer erheblichen Dosis von Schlaftabletten „im Bett noch ganz gemütlich" gemacht, habe sogar „noch Schokolade gegessen". Der hat es sich also, wie es der Dichter sagt, „noch ein wenig gütlich getan", man ist froh darüber. An die Gemütlichkeit jedoch weigere ich mich zu glauben. Hat er nicht den Nebel der totalen Negation aufsteigen und im Zimmer sich verbreiten sehen? (Auch ich mache mich unzulässiger Metaphorik schuldig, ich weiß das, aber die Sprache, mein einziges Mitteilungsinstrument, läßt mir keine Wahl, nur die Qual der Unzulänglichkeit.) Unumstößlich scheint mir aber, Metaphorik hin und her, dies zu sein: selbst jene Suizidäre, die „Ruhe" suchen oder „Schlafestiefe", wissen in einer Region ihrer Existenz, für welche die Bezeichnung „das Unbewußte" nur eine euphemistische Harmlosigkeit wäre, daß sie nicht in den Schlaf und in die Ruhe eingehen, vielmehr den Sprung tun nach einem Etwas, das kein Etwas ist — und viel zu grauenvoll, als daß man klage. Einwenden ließe sich, daß meine Propositionen dort zu verwerfen sind, wo der Abspringende gläubig ist: *er* meint ja, und dieses Meinen reiche in die letzten Tiefen, daß er wohl nicht in Schlaf und Frieden dieser Welt eingehe, wohl aber nach etwas unvergleichlich Schönerem und Lockenderem sich hinbewege: zu Gott.

Dubito. Es wird zu geeigneter Zeit sich die Notwendigkeit auftun, hier genauer über Freitod und Christentum zu sprechen. Vorweggenommen sei zunächst nur dies: Für den wirklich Gläubigen dürfte sich die Absprungssituation nicht ergeben, da doch der Freitod, der „Selbstmord", wie es in diesem Zusammenhange füglich ausgesprochen werden muß, eine Sünde ist. Aber Gott ist groß, seiner Barmherzigkeit Grenzen sind nicht gezogen, er wird für einmal vergeben. So reißt der „Gläubige" den Tod an seine Brust, auf daß er ihn mit Gottesliebe umarme. Und dann ist alles gut, und all unsere Problematik vom logischen Durcheinander im Leben und Sterben ist nur müßige Spintisiererei. Es ist *nicht* gut, das ist die Kalamität. Denn die Zivilisation, in der wir leben, der Zeitgeist, wenn man will, ist so beschaffen, daß nur in einer verschwindend geringen Minorität von Menschen der Glaube noch so tief ankert, daß er in solchen Stunden existentielle Gewißheit zu sein vermöchte. Wer nur den lieben Gott läßt walten. Aber der rechte Mann waltet selber als Lebender und als Suizidär und gibt göttlicher Macht und Herrlichkeit keine Chance. Grundsätzlich, und wenn ich ausgehe von einer Befindlichkeit, einem „vécu", das anderes und mehr ist als der dürre, von der Psychologie mit Ach und Krach bestellte Acker, ist die Lage des Menschen vor dem Absprung stets die nämliche, nenne er sich nun einen Gläubigen oder nicht. Leutnant Gustl war katholisch erzogen worden, wie jeder rechtschaffene k. u. k. Offizier; sein Erzeuger erzählt uns kein Sterbenswörtchen von seinem Gott, vor dem so schwer zu sündigen der junge Mensch doch im Begriffe stand. Schnitzler freilich bleibt in seiner Meisternovelle im Rahmen der Psychologie. Mama, Papa, die Heimatstadt Graz und das kleine Mädchen und die Kameraden am Exerzierplatz. Um so eher hätte er Gott, wäre es ihm wahrscheinlich erschienen, daß dieser in der Welt Leutnant Gustls eine wichtige Rolle gespielt hat, in seine Novelle introduziert. Wer ist schon Schnitzler? höre ich fragen. Und wird nicht hier mystifizierenderweise Psychologie mißbraucht um ontologischer Spielerei willen? Der Arzt und Dichter Arthur Schnitzler war kein ausgewiesener Psychologe; immerhin war er einer der wenigen Autoren, die sein Zeitgenosse Sigmund Freud sehr hoch schätzte. Er war kein Anthropologe. Aber er verstand etwas vom Menschen, jede Zeile seines Werkes legt Zeugnis, unwiderlegliches, ab hierfür. Es stimmt auch, daß er ein psychologischer Schriftsteller war und kein phänomenologischer Denker. Gleichwohl und gerade *weil* er den Menschen kannte, wird hinter dem inneren Monolg, den sein junger Offizier eine Nacht lang führt – Monolog, der es, beiläufig, mit anderen berühmteren Selbstgesprächen sehr wohl aufnimmt – der Abgrund des Rätsels erahnt. Wer sind wir? Woher kommen wir? Wohin gehen wir? Schnitzler hält sich bescheiden zurück, läßt seine Figuren nur sagen und denken, was eben so die Leute daherreden und dem sie in ihren ungeübten Hirnen nachgrübeln. Er stellt das Rätsel dahin, weiß aber, daß es uns bedrängt; so ist er ein Zeuge, wohl ausgerüstet, um hier auszusagen, auch das, was er nicht aussagen will, sogar was sich nicht aussagen läßt.

Eine unheimliche Landschaft wird von mir, wenn ich dies erhärte, betreten, ein Sumpfgebiet, ein nebelverhangenes Hochmoor, vor dem der Essayist sich hüten sollte. Er hütet sich nicht, ist nicht gewohnt, Fürsicht walten zu lassen. Und so sei es denn ausgesprochen und sei damit jeglicher Kritik eine verwundbare Flanke geboten: Man kommt nicht hin mit dem klaren Denken. In einem vielzitierten Traktat heißt es: „Zu einer Antwort, die man nicht aussprechen kann, kann man auch die Frage nicht aussprechen.“ Und: „Wovon man nicht sprechen kann, darüber muß man schweigen.“ – Dies gilt und bleibt unerschütterlich dort, wo es um intersubjektiv verbindliche Urteile geht, wo die Philosopie den Anspruch erhebt, der „Wissenschaft“ zu dienen. Es tritt außer Kraft, sobald der unerfüllbare Wissenschaftlichkeits-Anspruch der Philosophie preisgegeben wird und die Erkenntnis des Nichterkennbaren, das als solches a priori eingesehen wurde, einem paradoxen Versuch unterliegt. Und einem notwendigen. Denn: es hat der von Ludwig Wittgenstein inspirierte Neopositivismus allerweilen recht und unrecht zugleich. Er hat recht, wenn er Scheinfragen zurückweist, um wissenschaftlicher, will sagen: im Felde der Logik des Lebens allein sinnvoller Urteile willen. Er hat unrecht, wo dieses Feld überschritten werden muß, und *daß* solche geistigen Ab- und Ausschweifungen so unvermeidlich wie unerläßlich sind, tut sich hervor an allen Orten und zu allen Momenten, wo es dem nachdenkenden Menschen um den Kern der Dinge geht. „Das Rätsel gibt es nicht", sagt der Wittgenstein des „Tractatus", und meinte freilich dabei nur, daß das Mysterium Sache der Mystik sei, der „Mondstrahlen bei Tage". Ich stimme dagegen. Die Mystik bringt nichts ein als Mystifikation und Mystagogie. Das Rätsel, das es nicht nur gibt, sondern das alle unsere Seinsakte durchdringt, ist immer noch Sache der Rede. Freilich einer hilflosen, angreifbaren, die jeder Einfaltspinsel kostenlos lächerlich machen kann. An der sich jeder Mensch, wenn er vor dem Abgrund steht, versuchen und bewähren muß. In kreisender, oder genauer: halbkreisender, sich wiederholender, stets um Präzision bemühter, niemals sie erreichender Rede muß dem Mysterium nachgedacht werden. Man *darf* unklar von dem reden, wohin das Licht der klaren Sprache (du langage clair) nicht leuchtet. Und das Rätsel gibt es.

Bin ich abgekommen vom Thema? Aber nein, im Gegenteil. Ich habe mich ihm in steter Bewegung angenähert. Denn wir kennen kein Rätsel, das drangsäliger wäre als der Tod, und im Inneren dieses der Freitod, der die allgemeine Todeskontradiktion oder Todesabsurdität steigert und vervielfacht – ins Unausmeßliche. Schon darf der Leutnant Gustl abtreten. Wir sind mit Wichtigerem beschäftigt als mit seiner federleichten Person. Am besten sprechen wir vom „X", der Abstraktion des Abspringenden, der uns in seiner Schattenblässe vertrauter ist, als jede konkrete oder konkretisierte Erscheinung es zu sein vermöchte. Man fragt mich, woher ich den Schemen kenne. Und ich antworte ohne Zaudern: aus Introspektion und Empathie. Was wußte Sartre von Flauberts erstem pseudoepileptischen Anfall? Nichts. Alles. Ahndungskräftig näherte er sich nach dem Studium der dürftigen zur Verfügung stehenden Dokumente dem Ereignis – und siehe: die Ahndungskraft verlieh ihm eine Fähigkeit, deren enträt, wer nur fleißig „Material" sammelt und aufgrund dieses assoziative Mechanismen in Bewegung setzt. So kann man denn auf ahndungsbegabte Weise – ich sage Ahndung, nicht Ahnung, es haben beide Wörter die gleiche Etymologie, aber jenes ist weniger abgegriffen als dieses – dem Freitod des „X" nachgehen. Annähernd wird man dann versuchsweise sagen dürfen, daß das Abstraktum „X" und all dessen mögliche Konkretionen stets im Schatten der Todes-Absurdität standen, diese zum Eklat brachten und damit in der Steigerung sie aufzuheben meinten, da ihre Befindlichkeit den Satz nahelegt, daß tatsächlich nicht sein kann, was nicht sein darf. Der Schluß ist messerscharf, kein Zweifel, und hätte der Dichter, der im Verschen dem Rätsel auf humoristische Weise ein Schnippchen schlug, sich nicht der Mystagogie preisgegeben, er wäre ganz der Vers-Denker gewesen, uns hier zu helfen. Weininger durfte kein Jude sein: er war es. Mein Hausmädchen durfte keine Anonyma sein, der niemals des Sängers Aufmerksamkeit zuteil wird: sie war es. Da blieb als Ausweg nur der Tod, ein Nicht-Weg, da er doch nirgendwohin führte. Weininger wurde kein Nichtjude, weil er sich tötete. Das arme Geschöpf am Spülbecken war nicht des „Radiolieblings" Geliebte, fiel mit dem Tode nicht in die Arme des Künstlers. Der Freitod war also „sinnlos" – ist er es in jedem Falle?

Ich nehme eine kurze Atempause für ein Wort ex domo und pro domo. In meinem Buch „Über das Altern", darin ich die ersten Schritte wagte, dem Ereignis des Todes mich anzunähern, zitierte ich Nietzsche: „Nur ist der Tod unter verächtlichen Bedingungen ein unfreier Tod, ein Tod zur unrechten Zeit, ein Feiglings-Tod. Man sollte aus Liebe zum Leben den Tod anders wollen, frei, bewußt, ohne

Überfall", und ich setzte hochgemut hinzu: „Eine Narrengeschichte vom Freitod." — Seit dies zu Papier gebracht wurde, sind acht Jahre dahingegangen, der Mut ist so hoch nicht mehr. Die Zeitspanne hat mich nicht gescheiter gemacht, weiß Gott! Aber sie hat mir Neues zugetragen, denn die Zeit hört zu zeitigen nicht auf. So nehme ich das Wort „Narrengeschichte" zwar nicht zurück, aber ich schränke es drastisch ein, indem ich es in den Bereich der Logik des Lebens verweise. Hier aber haben wir es mit einer Logik zu tun, die sich zwar niemals von sich selbst, das heißt: vom Leben völlig lösen will, die aber sich dennoch mit einem winzigen und unsicheren Tritt überschreitet, hin zur Anti-Logik des Todes. So daß ich also sagen kann, sagen will: Jene, die den Freitod wählten, „X", das Abstraktum, das Hausmädchen, Celan, Kleist, Hasenclever, Hemingway, was weiß ich, sie haben durch ihren absurden Akt nicht nur den tödlich-unwidersprechlichen Nachweis geliefert, es sei das Leben „der Güter höchstes nicht", nicht nur uns vor Augen geführt, daß das „Nicht-sein-kann, was-nicht-sein-darf" mehr als ein tiefsinniger Scherz ist — sie haben die Todes-Kontradiktion (Leben-Sterben) aufgelöst, um den Preis freilich eines anderen und entsetzlicheren Widerspruchs, der da heißen könnte: *Ich sterbe, also bin ich.* Oder: Ich sterbe, also: das Leben und alles, was es an Urteilen gibt, gilt nicht. Oder noch: Ich sterbe, also *war* ich wenigstens im Moment vor dem Absprung närrischerweise, was ich nicht sein konnte, weil es die Wirklichkeit mir nicht vergönnte: als Weininger ein Nichtjude, als Mädchen mit dem Kehrbesen des schönen Sängers Geliebte.

Es sei, was hier und eben zu sagen ich mich unterfing, nachweisbar logisch ein Unsinn und empirisch unwahr? Ich habe also ungereimtes Zeug dahergeredet, Wörter aneinandergereiht, sans rime ni raison. Freundlichen Dank für die lichtvolle Korrektur. Nur weiß ich dazu eine Bagatelle, die meinen Zensoren entging: daß mit dem offenbaren Widersinn, den hinzusetzen ich das Wagnis unternahm, ich jenen Schritt tat, den zu tun wir uns getrauen müssen, wollen wir dem Rätsel uns annähern und dies, *ohne* eine konstruktive, nur von anschauungslosen Begriffen genährte, ihr dürftiges Dasein fristende konstruktive Metaphysik zu entwerfen. Ich stelle mich damit gegen die Vernunft und schützend vor den Suizidär? Kindischer Einwurf. Vernunft ist nicht Vernunft, wenn sie nicht *mehr* ist als Vernunft. Und es fällt mir nicht ein, die Leute aufzufordern: Na, bringt euch doch gefälligst massenweise um, euer Freitod bringt euch geistige Ehrentitel. Wenn es sich so einfältig verhielte, schwiege ich. Da ich aber spreche, bereite ich nur, so gut oder so schlecht es geht, das Terrain vor, das neblige Hochmoor, auf dem wir uns weiterbewegen müssen, wollen wir mehr zu Tage fördern als ein paar Daten und ein paar Trivialitäten.

Zu rekapitulieren wäre denn, was aus dieser mühseligen Arbeit sich bislang ergab. Abgegrenzt wurde unser Denken gegen alle im Bereiche positiver Wissenschaftlichkeit gelegenen Hervorbringungen der Suizidologie. Festgestellt wurde, daß die Logik allerwegen Logik des Lebens ist und daß der Suizid, der „Akt, den keine Worte beschreiben, der alle Bande bricht" (Golo Mann in den Erinnerungen an seinen Bruder Klaus), auch die Fesseln reiner wie praktischer Vernunft sprengt. Des weiteren: daß, im Widerspruch zu Golo Manns Resignation, hier zwar nicht dreist „Beschreibung" des Akts angestrebt wurde, wohl aber sachte und behutsame Annäherung an ihn, dies freilich unter Drangabe logischer Stringenz, mit Hilfe anzweifelbarer Metaphorik. Schließlich: daß ein solches Verfahren sich rechtfertigt aus der unnachläßlichen Nötigung, eben vom „Rätsel", dem vorgeblich unberedbaren, zu sprechen, angesichts der Bedrohung durch Stumpfheit einerseits, blindem Wahn andererseits. Wir haben eine im Sinne der modernen Logik als „Scheinfrage" abgetane Frage aufgegriffen, um darzutun, daß sie so scheinhaft nicht ist, vielmehr die tiefsten Schichten unserer Existenz bedrängt, womit allein schon ihre Abhandlung gerechtfertigt ist. Damit wird eine Verpflichtung eingegangen. Keine andere als die: daß unter unmöglichen Umständen das zwiefach Undenkbare „an-gedacht" werden muß – so wie man etwas anfängt, an-geht – und daß, fortfahrend, die Undenkbarkeit als eine Quasi-Denkbarkeit vorzustellen ist.

Es sei ein solcher Kontrakt mit dem Leser unterzeichnet; seine Gegenzeichnung wird nicht gefordert, denn ihm muß überlassen bleiben, ob er von der Absurdität (die allerdings nicht eine Erfindung oder gar ein Trick des Autors ist, sondern die extremste Niedertracht der condition humaine), von ihr, und der Paradoxie, der Kontradiktion, sich betreffen lassen will oder nicht; er kann ausweichen, jederzeit, in den gesunden Menschenverstand. Hierzu wird er um so eher geneigt sein, als es sich doch, wie eben gesagt, um ein zwiefach Undenkbares handelt: um den *Tod*, den jedermann stirbt und den jeder als Urwiderspruch mehr oder weniger bewußt erfährt; darüber hinaus aber um den *Freitod*. Dieser versucht den Urwiderspruch aufzuheben, was ihm nicht gelingen kann. Der Suizidant stürzt in den Abgrund einer noch tieferen Kontradiktion, indem er nicht nur stirbt (oder zum Sterben sich anschickt), sondern *sein Selbst selber entselbstet.*

Der Suizidär erlebt dies, mit mehr oder weniger Bewußtheit, höherer oder geringerer Einsicht, in Serenität oder Exaltation, hysterisch-theatralisch oder zuchtvoll sich bescheidend, in der Situation vor dem Absprung. Jude, Weib, Ich, denkt Otto Weininger oder er denkt es nicht, wird von den drei Vorstellungen nur umklammert und zermalmt.

Ohne die zwei Märchenaugen will ich nicht leben, denkt mein Mädchen oder denkt sich gar nichts, spürt nur etwas, das als unaushaltbaren „Druck" man metaphorisch bezeichnet. Des Kaisers Rock, so durchdringt es den Leutnant Gustl, wiewohl es in weiten Zeitstrecken einer Nacht, die seine letzte sein soll, zum Ausdenken dieser Worte gar nicht kommt, denkt es sprachlos. Hier sind nicht mehr die Grenzen meiner Sprache die Grenzen meiner Welt: sondern deren Einzäunung setzt das „off limits" der Sprache. Das Sein hat eine schwer erforschbare logische Syntax, da es seinen Widerspruch, das Nichtsein, in sich trägt. Und wo einer dieses Nichtsein, also die syntaktische Unmöglichkeit gewaltsam herbeiführt, wird er zum Menschen des Un-Sinns. Des Un-Sinns, nicht des Wahnsinns. Wer abspringt, ist nicht notwendigerweise dem Wahnsinn verfallen, ist nicht einmal unter allen Umständen „gestört" oder „verstört". Der Hang zum Freitod ist keine Krankheit, von der man geheilt werden muß wie von den Masern. – Doch hiervon später. Noch haben sich ja unsere Augen erst halb und halb an das Dunkel gewöhnt. Wir müssen starren mit dem Auge des Nachtvogels.

II. WIE NATÜRLICH IST DER TOD?

Ein junger Mensch, für ein mit Vorzug bestandenes Examen von seinem Vater mit einem hübschen Sportwagen belohnt, geht bei seiner ersten größeren Autofahrt durch Unvorsichtigkeit – er nahm vielleicht zu schnell eine Kurve, deren Schärfe er schlecht eingeschätzt hat – vor der Zeit zugrunde. Es ist dies, wie jedermann sagen wird, ein höchst unnatürlicher, ja skandalöser Tod. Denn der junge Mann war ja nicht nur der Student, als der er, ein zuckend Agonisierender, auf dem heißen Straßenbelag seine letzten Atemzüge tat. Er war, im Keime, vielleicht ein brillanter Anwalt, ein gesuchter Arzt, ein namhafter Architekt. Er war, so meint die Welt, ein Familienvater, der nicht mehr dazu kam, seine Kinder großzuziehen, seine Frau glücklich und unglücklich zu machen, Theater und Parties zu besuchen. Man liest Worte gegen die Unnatur gewaltsamen Todes eines jungen Menschen am besten in einem berühmten Gedicht von C. F. Meyer nach: „... Kränze, wenn du lebtest, dir beschieden, nicht erreicht." – – Anderswo stirbt ein Greis im Alter von neunzig Jahren. Er ging sanft dahin. Die Kräfte ließen nach, das Gedächtnis verweigerte den Dienst, am Ende saß er nur noch dämmernd tagelang in seinem Lehnstuhl, in dem man ihn schließlich tot auffand. Und wird da niemand sein, selbst innerhalb seiner engsten Angehörigenschaft, der vehement protestierend sich vernehmen ließe. Der Mann starb eines natürlichen Todes, es ist klar. Zwischen diesen beiden extremen Beispielen aber dehnt eine ganze Skala anderer sich aus, die uns an der Unterscheidung zwischen natürlichem und un- bis widernatürlichem Tod zweifeln machen. Mit 36 Jahren, auf der Höhe seines Ruhmes und Glanzes, starb der engelhaft schöne, einzigartig geistvolle Schauspieler Gérard Philipe; seine Witwe, Mme. Anne Philipe, hat über diesen Tod das ergreifende Buch „Le temps d'un soupir" geschrieben. Als Dreiundzwanzigjähriger wurde der Dichter Georg Büchner von einem „Faulfieber" dahingerafft, wie eine eindringliche Metapher unserem Bewußtsein den schrecklichen Tatbestand vermittelt. Über den frühen Tod Joachim Ziemssens, der an einer Kehlkopftuberkulose „als Soldat und brav" das Leben ließ, sagt sein Imaginator Thomas Mann: „Er sah zu Boden, als betrachtete er die Erde. Es war so merkwürdig: er ging hier, proper und ordentlich, er grüßte Vorübergehende auf seine ritterliche Art, hielt auf sein Äußeres und Bienséance wie immer – und gehörte der Erde. Nun, der gehören wir alle über kurz oder lang. Aber so jung und mit so gutem, freudigem Willen zum Dienst bei der Fahne ganz kurzfristig ihr zu gehören, das ist doch bitter ..." Man muß aber gar nicht fahnenfreudig sein und auch nicht so jung wie der Leutnant Ziemssen, daß der Tod als etwas Widriges und zu wilder Gegenrede Herausforderndes erscheine. Es war nicht „natürlich", daß Schiller mit 46 Jahren starb. Wenn Kafka mit 41 Jahren hingemäht wurde, sträubt sich das literarische Weltgewissen gegen solch schimpflichen Triumph der Natur, die nichts von sich weiß, so wie wir von ihr trotz aller wissenschaftlichen Einsichten keine Kenntnis haben. Nicht jeder ist Gérard Philipe, Büchner oder Kafka. Da kannte ich einen Ordinarius für Mathematik, der, 46jährig, von einem Tag auf den anderen einem Gehirnschlag erlag. Dort wurde mir Kunde von einem im

55. Lebensjahr stehenden, erfolgreichen Kaufmann, der dem vielberedeten „Streß" nicht standhielt und an einem Herzinfarkt starb. Wäre der Philosoph Ernst Bloch, gleich seinem Kollegen Adorno, mit 66 Jahren in den Tod gegangen, man würde wahrscheinlich von ihm nur so nebenhin als einem Staatsdenker der DDR sprechen. Adornos Tod war kaum weniger „unnatürlich" als der Hintritt Georg Büchners. Hier wie dort wurde jählings die Kontinuität schöpferischer Existenz zerhackt, so daß wir in beiden Fällen zur Widerrede neigen, gleich Voltaire, der gegen das Erdbeben von Lissabon im Namen des Geistes Protest einlegte. Im Grunde ist der Tod niemals natürlich, vor allem für den Bedrohten nicht, sofern dieser noch halbwegs seiner Sinne mächtig ist. Vor ein paar Jahren ergab es sich, daß ich einen 94jährigen, noch sehr luziden Nachbarn zu Tode pflegen half. Der abgemagerte Mann saß aufrecht in den Kissen, rang nach Atem und sagte: Das sind die letzten Tage. Er sagte es nicht im Einverständnis mit seiner moribunden Verfassung, und als er während einiger Stunden trügerische Erleichterung verspüre, forderte er dringlich sein Lieblingsgericht, Kohlsprossen. – Bei Lichte besehen, erscheint manchmal die ganze Frage über Natürlichkeit oder Unnatürlichkeit des Todes als eine bloß semantische. Alltagssprache und logische Ausdrucksweise sind nicht mehr einig. Der Tod ist *allerwegen natürlich,* soferne wir dieses Wort von „Natur" ableiten und unter „Natur" die gesamten Kausalvorgänge verstehen, die unserem Ich gegenüber als Außenwelt Herren über unser Dasein sind, wobei es nur selbstverständlich ist, daß für unser Ich (ein psychisches und geistiges Phänomen, wenn auch meinetwegen nur ein „Bündel von Empfindungen") auch unsere Nieren, unser Magen, unser Herz, das liebe Herz der Metaphorik, Teile der Außenwelt sind. Andererseits ist die Alltagssprache, wenn auch begrifflich unsauber, in ihrer kom-

munikativen Funktion als soziales Netz, darin unser Leben hängt, doch wieder klüger, als sprachphilosophische Strenge zu meinen geneigt ist. Sie geht in ihrer Undeutlichkeit und Vieldeutigkeit stets von statistisch aufgreifbaren Fakten aus, nimmt diese als Normen, redet also von „natürlich" nicht so, als führe sie das Wort auf den Begriff Natur zurück, meint vielmehr das, was für sie „normal" ist, das heißt: was einer bestimmten Population zu einem bestimmten Zeitpunkt quantitativ zur Norm wird. – Ich neige dazu, hier vom „natürlichen" und „unnatürlichen" Tod zugleich im Sinne der Alltagssprache und der semantischen Sauberkeit zu sprechen, denn weder auf diese noch auf jene können wir verzichten, wollen wir uns verständlich machen. Dieses Verfahren, höchst anzweifelbar, wie es nun einmal ist, und vor allem jeglicher methodologischen Ordnung Hohn sprechend, wird dazu führen, daß alles, was ich vorbringe, in ein optischen Täuschungen günstiges Zwielicht zu stehen kommt: ins Zwielicht der Wirklichkeit, in der wir uns bewegen.

Sage ich also, daß für den noch luziden Sterbenden sein Tod ihm allerwegen und allerweilen als unnatürlich erscheint, so stehe ich mit dieser Aussage zwischen der Alltagssprache und der logischen Sprachdeutlichkeit. Für die Welt, welche durch die Alltagssprache uns vermittelt wird, ist nach Abklingen eines ersten Schocks und schweigender Gewöhnungsarbeit der vernarbenden Zeit am Ende ein jeder Tod „normal" oder „natürlich". Gérard Philipe starb mit 36 Jahren: welch ein Skandal. Nun ja, leider, er starb mit 36 Jahren, ein bestimmter Prozentsatz von Menschen stirbt auch heute in Frankreich noch in diesem Alter, und lassen wir's denn gut sein. Nach dem empörten Entsetzen die Einsicht in die Notwendigkeit, das heißt: die *Unfreiheit* der von der Realität in Bande geschlagenen Rede. „X" ist vor der Zeit auf irgendeiner Autobahn elendiglich verendet? Aufbäumen, Widerstand zuvor. Und danach etwas, das sich Erfahrung nennt: So ist es eben, jährlich verunglücken tödlich soundsoviele Menschen auf den Straßen, und er war einer von ihnen, wie traurig, aber letztlich wie normal, wie natürlich. Und „Y" hat sich umgebracht? Unerhörtes, unannehmbares Begebnis, unerträglich dem mitfühlenden Herzen. Später: „Y" ging von eigener Hand in den Tod; es gibt Selbstmörder, und er war einer von ihnen. Trauer, die abnimmt mit der Zeit, man kann nicht mit den Toten leben. Auf geheimnisvolle Weise nähert sich die Alltagssprache wieder der semantisch und logisch lauteren an. Das natürliche Sterben wird das, als was allein es in logischer Sprache definiert werden kann, als Sterben „durch die Natur" oder durch die kausalen raumzeitlichen und intersubjektiv einsehbaren Verläufe, die à la longue nur von einem Wahnsinnigen nicht anerkannt werden.

Für den in Todesnähe rückenden Menschen freilich verhält es sich anders. Die objektiven Sachverhalte gehen ihn nichts an. Er verspürt nicht etwa die Ablagerungen von Materie in den Herzkranzgefäßen, sondern er hat „einen Druck auf der Brust", den nur *er* kennt und von dem die anderen, einschließlich seiner Ärzte, nichts wissen. Sein Ich, aus dem er verstandesmäßig heraustreten kann, indem er den aufklärenden Fachleuten glaubt und nun mehr oder minder gut weiß, was sich objektiv in seinem Körper ereignet, bleibt zugleich auch hermetisch in sich eingeschlossen und verweigert jedermann den Zutritt: die Übersetzung aus der objektiven Sprache in die des Subjekts kann niemals vollkommen gelingen. Sein Tod, sobald er erst einmal in Sichtweite rückt, wird dem Menschen zum unerträglichen Ärgernis. Dieses kann er nur „verdrängen" oder auch abschieben in die Regionen emotionsleeren Begriffsdenkens, niemals aber wirklich akzeptieren: den Tod in der ganzen Masse seines gewaltigen spezifischen Gewichts in das Ich aufnehmen hieße das Leben refüsieren. Man redet um den Tod herum, besser: drückt sich redend um ihn herum, versucht es stets mit Ausweichen, wagt niemals die durch die Rede vermittelte Annäherung, die hier unsere Sache ist. Noch immer kann man, wenn einer gestorben ist, gerade von seinen engsten Familienangehörigen die stumpfsinnige Phrase hören, es habe der Tote „seinen Frieden"; nun sei nach soviel Mühsal endlich „ihm wohl". Dabei weiß ein jeder, es kann ein Kadaver keinerlei Art von Wohlsein verspüren, während schon die chemischen Prozesse einsetzen, die zu seiner totalen Dekomposition führen. Und wer eben im Sterbezimmer noch das konventionelle Wort aussprach, der mag sich dann im Treppenhaus bewußt werden, daß er nur hinredete, was Sprache und Konvention ihm seit eh und je dargereicht haben. Vielleicht macht er sich Gedanken, die den Raster des Geschwätzes zerbrechen, und murmelt vor sich hin: Dem da droben ist weder wohl noch übel – wie unausdenklich! Und wie wird das bei mir sein? Es drückt mich ja auch schon da und dort, mir wird nicht wohl sein, großer Gott! Doch ruft er diesen Gott auch dann nicht ernsthaft an, wenn er sich gläubig nennt und religiöse Vorschriften beachtet. Der natürlich-unnatürliche Tod ist größer als Gott. Tote sah ein jeder schon einmal, der Gott bleibt stets in Verborgenheit, das ist der Trick, von dem er lebt.

Nun ist zu bedenken, daß wir alle Sterbende sind; haben wir das böse Schwingenrauschen schon vernommen über unserem Haupte oder nicht, wir wissen vom Tode. Psychologen meinen, es stelle solches Wissen sich um das sechste oder siebente Lebensjahr ein, nachdem das Subjekt sich als Ich kompakt gesetzt hat. Das Wissen wird mit den Jahren intensiver, setzt gleichsam „Füße" an. Der Mensch lebt also, jenseits des Herumredens, das er um seiner Selbstverteidigung willen veranstaltet, im ständig sich verdichtenden Wissen um den Tod hin. Er ist ein Mann, der ein Haus baut, im Bewußtsein, es werde zum Fest der Dachgleiche eingerissen. Er hofft auf einen „natürlichen" Tod, tritt mit solcher Hoffnung aus sich heraus, macht den Teil seines Ich, den er verließ und der vegetativ dahindöst, zu einem objektiven Faktum, spricht eine Alltagssprache, die sich mit logisch-präziser vereinigt hat, zumindest sie teilweise deckt. Er hat hierbei ein elendes intellektuelles und moralisches Gewissen, denn tatsächlich ist ja das vegetativtaube Ich, das er redend verlassen zu haben meint, das *eigentliche:* dieses gönnt ihm, sobald erst der Tod gesetzt ist, fürderhin keine Ruhe mehr. Im Schweiße seines Angesichtes baut er sein Haus, legt Ziegel auf Ziegel, paßt Rahmen ein – es wird alles vergebens sein. Der Tod nimmt die Züge der Un- und Widernatur an. Unnatur? Man muß mit größter Vorsicht verfahren. Jedweder, auf welcher Bildungsebene er auch stehe, hat zugleich ungewisse und unabweisliche Vorstellung von Natur. Er weiß mit mehr oder weniger Genauigkeit vom Universum, hat zumindest gehört, es drehe die Erde sich um die Sonne und gleichzeitig um ihre eigene Achse. Eine Spur von Geologie wird ihm selbst durch die Elementarschule vermittelt, in der ja auch schon von der Schwerkraft oder der Elektrizität der Lehrer seine kleine Kenntnis weitergibt. Steigt der Mensch nur ein paar Stufen höher mit seinen jungen Jahren, wird er Notionen von Physiologie haben. Zellen. Chemische Prozesse. Haeckels Wort, nach welchem die Zellen autonome Bürger sind, die in Milliarden unseren Körper konstituieren und also die „Republik der Zellen" bilden, wird ihm wahrscheinlich in dieser oder jener Form wiedergegeben. Alsbald muß er auch den Tod in seinen Kenntnisbereich einbeziehen, den Tod, von dem er vorher schon gehört hat, denn Großmutter „ging zu Gott ein", Tante Anna wurde von einem tödlichen Herzschlag getroffen, der alte Nach-

bar, dessen komisches Trippeln er vielleicht zur Erheiterung seiner Kameraden nachgeahmt hat, starb „am Parkinson". Jetzt, dank erhellender Schulbildung, weiß er, es ist der Tod nur das Ende, das natürliche, einer bei Beginn des Lebens schon einsetzenden Entwicklung: das Absterben der Zellen übertrifft deren Regenerationsfähigkeit. — In der nächsten Lehrstunde werden wir uns weiter mit Aufbau und Absterben der Zellen befassen. Sinnige Worte auch noch vielleicht über das Fallen der Blätter im Herbst. Hinweise allenfalls auf die göttliche Ordnung, die Werden und Vergehen ins Gleichgewicht bringt. Nichts verschwindet ja. Masse und Energie, ineinander verwandelbar, bleiben dem Weltganzen erhalten.
Doch hat schon Großmutters Heimgang zum Herrn etwas Unheimliches gehabt. Gestern lag sie noch im Bette, keuchte zwar schon ziemlich schwer, verlangte aber noch Wasser, war *also da.* Man hat ihren Leichnam abgeholt, der Pfarrer empfahl Gott ihre Seele und wünschte dringlich und murmelnd, daß diese nicht der Fürst der Finsternis in seine zweifellos blutigen Hände bekomme. Und nun ist ihr Platz bei Tische und im Bette leer. Übrigens starb sie, wie die Eltern sagen, eines natürlichen Todes, glücklicherweise, wenn man bedenkt, daß Onkel Adolf, der stets so lustig war, bei einem alpinen Unfall ums Leben kam, nicht zu reden von Frau Glücksmann aus der Nebengasse, die man vergast hat. Psst. Kein Wort mehr. Ein jeder kommt ja einmal dran, so oder so. In ein paar Wochen wird Großmutter vergessen sein, wie der lustige Onkel Adolf es schon seit Jahresfrist ist. Die Natürlichkeit des Todes wird also auf zweierlei Weise uns von der Wirklichkeit eingebleut. Einmal durch die Kenntnis von Vorgängen, die in den Schulen jeden Grades erläutert werden, andererseits durch die Leute, die am Ende und nach Vergießen von ein paar Tränen von der Sache soviel Wesens

nicht machen, mehr von der Verlassenschaft reden als vom Verlassen der Welt. Schließlich durch die Zeit, die den Toten und den Tod vergessen macht. Dies aber auf Abruf, denn es ist ja stets von neuem die Rede von „Heimgang", „Sterben", „Tod", „Todesgefahr", „tödlicher Krankheit" usf., so daß schon dem Heranwachsenden kein Friede wird und er sich fragen muß: Werde auch ich einmal sterben? Er denkt: Natürlich. Auf natürliche Weise, vielleicht mit fünfzig Jahren, aber dann bin ich uralt und bis dahin ist noch so viel Zeit, ich komme nie dahin, ach, wäre ich bloß schon neunzehn statt fünfzehn; die blonde Maria, die immer so laut lacht und auf so herausfordernde Art ihre Beine kreuzt, würde mich ansehen, statt durch mich hindurchzublicken, als wäre ich Luft. – Der Tod ist weit. Er rückt näher. Seine Natürlichkeit wird fragwürdiger. Auf der Hochschule sagt der Logikprofessor, dessen Hörsaal immer stark besetzt ist, weil er seine Sache auf schnurrige Weise vorzubringen weiß: Die sogenannten Naturgesetze beruhen auf dem Induktionsschluß, und der Glaube an diesen ist blind. Sie können, meine Freunde, alle unsterblich sein, es ist dies keine Denkunmöglichkeit, so wie prinzipiell morgen vom Feuer Kälte ausgehen kann. Gelächter. Grauen. Es wird zweifellos nicht kälter werden, wenn ich morgen mein Zimmer heize, und wir alle, ich eingeschlossen, werden sterben. Die Natur hat mit Logik nichts zu tun. Der Tod ist natürlich, und schon jetzt baue ich an dem Haus, das zum Richtfest zusammenbrechen wird. Mein Tod ist jenseits von Logik und Gewohnheitsdenken, für mich *widernatürlich* im höchsten Grade, ist vernunft- und lebensverletzend. Der Gedanke an ihn ist nicht auszuhalten. – Und wohin gehst du abends, Gisèle? Magst du, daß ich mitkomme?

Der Abend mit Gisèle war hübsch. Nur tags darauf wird bekannt, es habe ein stadtbekannter Getreidehändler sich erschossen. Seine Frau hatte ihn verlassen, er vernachlässigte sein Geschäft, geriet in Schulden, stellte ungedeckte Wechsel aus, Festnahme durch die Behörden drohte. Da nahm er den Revolver, den er sich nach dem Zusammenbruch des Reiches als Unteroffizier hat aufbewahren können, und schoß sich vor dem Spiegel in die Schläfe. Irgendeinmal steht ein jeder, früher oder später, auch vor dem, was die Leute Selbstmord nennen, und zwar in solcher Nähe, daß der Akt nichts mehr zu tun hat mit einer beliebigen kleingedruckten Zeitungsnachricht. Mit dem Selbstmord, der als Herumgerede zu je einem bestimmten Zeitpunkt in jedes Menschen Leben tritt, bekommt die Frage nach der Natürlichkeit des Todes eine völlig neue, vordem nie gekannte Ausdehnung. Hat nämlich der Tod als „natürliches" Ereignis niemals vollumfänglich vom Subjekt, das ihn auf seine Person bezieht, Anerkennung erfahren, so erscheint zunächst der Suizid erst recht als ungeheuerlich. Das Haus, das der Getreidehändler gebaut hatte, wurde nicht niedergerissen, als es fertig war, er selbst hat es mutwillig – ja freilich: mit Mut und Willen, hohem Mut, starkem Willen – zerstört. Der war immer schon, sagen die Leute. Kein Wunder! Wie kann man sich auch! Ungedeckte Wechsel, das ist doch das letzte. Ein Abenteurer. Ein Mensch ohne Lebenskraft. Ein Gescheiterter. Das Herumgerede wird als solches bald erkannt und verwiesen. Zugleich nämlich mit der Kenntnis des Freitods (nicht der Erkenntnis, versteht sich, zu ihr gelangt man nie, und soferne man sich ihr überhaupt nähert, tut man es in späten Jahren) erfährt man vom *échec*. Ich erkläre, warum ich hier in einem deutschen Text dieses französische Wort gebrauche. Es bedeutet soviel wie Scheitern, Mißerfolg. Aber keines der deutschen Äquivalente hat den gleichen phonetischen (und damit merkwürdigerweise auch semantischen) Aussagewert.

L'échec, mit seinem trockenen Ton (son ton sec), mit seinem abhackenden, zerbrechenden Lärm, gibt besser das Irreversible des totalen Scheiterns wieder. L'échec ist ein Schicksalswort: so stehe es hier anstelle seiner unbeholfenen deutschen vorgeblichen Gleichwertigkeiten, von denen keine es erreicht. Der Kaufmann, der sich erschossen, erlitt den échec, was heißt: die Welt verwarf ihn, ehe noch der Tod ihn aus der Welt nahm und die Welt verwarf. Man kann, grundsätzlich, im échec leben. Dies aber auf schimpfliche, gleichsam „unnatürliche" Weise. Darum meinte der Mann, es sei die einzig mögliche Widerrede auf den échec der Freitod, den die Leute mit gesenkten Stimmen, als handle es sich um eine Schandtat, Selbstmord nennen. Nun steht aber der échec als Drohung im Hintergrunde jedermanns Existenz, und dies augenfälliger als der Tod. Man muß sich bewähren. Wird man es vermögen? Behaupten muß sich der Mechanikerlehrling so gut wie der Top-Manager, so gut wie der kommunistische Parteifunktionär. Immer sind andere noch schwächer. Immer sind andere noch stärker. Die Drohung des échec wird vielleicht am deutlichsten spürbar in einer Lebenslage, die ich die „Abiturienten-Situation" nenne. Mündliche Prüfung. Da gibt es kein Ausweichen hier, kein Erbarmen dort. Übersetzen Sie gefälligst. Interpretieren Sie diese Hölderlin-Zeile. Lösen Sie die Gleichung. Wer kann, der kann. Wer nicht kann, fällt durch – ins Bodenlose. Der das hinter sich hat, lacht leicht. Lacht blöde. Der Abiturient hängt über dem Abgrund; das Seil, an das er geklammert ist, erweist sich wieder und wieder als brüchig. Wer durchfällt, sehe zu, wie er zurechtkomme. Eltern und Mitschüler sind das wenigste. Sie sind verständnisvoll, man ist schließlich aufgeklärt. Den échec in dessen voller Unerbittlichkeit erfährt nur der Betroffene. So greift er zur Pistole, wie Heinrich Lindner in Emil

Strauß' auch heute und auf lange Zeit hin gültigem Schülerroman „Freund Hein". Mit einemmal bekommt der Freitod des Getreidehändlers, der schließlich auch nichts war als ein Abiturient, der nicht bestand, jenes einleuchtend Natürliche, dessen Großmutters Tod ermangelt hat. Wo ständig der échec droht, in Form des Scheiterns beim Abiturium, des Bankrotts, des Verrisses durch den maßgebenden Kritiker, der lähmenden Herabminderung der Schaffenskraft, der Krankheit, der Liebe, welcher keine Gegenliebe zärtliche Antwort gibt, der schlotternden Angst vor dem Sturmangriff, die der kommandierende Offizier verächtlich rügt – dort wird allüberall der Freitod zum Versprechen. Dem Nachdenkenden wird am Ende seiner Gedankenkette der natürliche Tod zum äußersten échec. Man hat gelebt, es war für nichts, denn eines Tages wird die Welt, die man in sich trug, die *ganze* Welt, untergehen. Für immer verschwindet der nächtliche Kurpark, in dem man den ersten zungenstreichelenden Kuß bekam; fort die glänzende Premiere, bei der man schließlich allein, beifallumbraust vor den Vorhang trat; entglitten auf Nimmerwiedersehen das Werkzeug, mit dem der Diamant poliert wurde, der Pfriem, mit dem man Sohlen zwienähte zum Entzücken all derer, die rechtes Handwerk noch zu schätzen wußten. Un instant, Monsieur le bourreau. Mais déjà le couperet tombe. L'échec ultime. Ist es nicht besser, dem Fallbeil, das uns alle guillotiniert, zuvorzukommen? Jedem échec, und also dem letzten zumal, zu entgegnen mit einem Nein, das alle Gegenrede zum Schweigen bringt.

Zwei Begriffe sind hier einzuführen, die im ersten Hauptstück schon angetönt wurden, bislang aber nach hoher Gebühr nicht haben abgehandelt werden können: *Humanität und Dignität. Der Freitod ist ein Privileg des Humanen.* In seinem monumentalen, 1975 erschienenen Werk

„Les Suicides", einem Buche, das in meinen Augen das bis zur Stunde letzte Wort jeglicher Suizidologie hat, schreibt der Autor Jean Baechler: „Der Suizid ist spezifisch und universell *menschlich* (...) auf die Gefahr hin, den Tierfreunden Schmerz zu bereiten, sage ich, daß offenbar Tiere sich nicht umbringen. Jedermann hat vernommen vom treuen Hunde, der am Grabe seines Herrn verhungert, von der Katze, die ihre Herrin nicht überleben will. Diese Geschichten sind rührend. Unglücklicherweise haben sie sich noch immer dort, wo Verifizierung möglich gewesen wäre, als Produkte der Einbildungskraft erwiesen (...) Desgleichen töten sich kleine Kinder nicht. Im Alter unter sieben Jahren hat sich in der gesamten Literatur kein einziger Suizid gefunden (...) Unter den Suizidanten, die psychiatrische Fälle sind, hat man keinen angetroffen, bei welchem die Vernichtung des Bewußtseins weit genug fortgeschritten gewesen wäre, um den humanen Charakter des Patienten auszulöschen." — — Humanität des den Freitod Suchenden also, bezeugt an einer Stelle, der jedes denkbare Vertrauen entgegengebracht werden darf! Zum zweiten Begriff nun, der uns noch öfter beschäftigen wird. Er heißt „Würde" oder „Dignität". Die Würde kann eine sein, die von einer bestimmten Gesellschaft etabliert wird, wie Leutnant Gustls Offizierswürde, die es ihm verbot, weiterzuleben, nachdem er dem Ehrenkodex seines Standes als kaiserlich-königlicher Offizier nicht gerecht wurde. Sie kann die des Händlers sein, der seinen Stand noch hoch genug hält, daß er glaubt, ohne ihn keinen Stand zu haben, und also nach dem Bankrott den Tod einer ehrlosen Existenz vorzieht. Sie kann die Dignität von Thomas Manns Mijnheer Peeperkorn sein, eine virile, die durch die sexuelle Impotenz vernichtet wird, so daß diese Schmach nur der Tod — vexatorisch, versteht sich, wir haben davon schon gehandelt — auslöschen kann. Jean

Baechler selbst, ein Mann der Fakten und Ziffern, der methodologischen Ordnung, dem sozusagen alles Höhere fernliegt und der sich keiner Werturteile über Leben und Tod vermißt, schreibt in den knapp zwei Seiten (von 650 des Gesamtwerks), die er der „philosophie des suicides" widmet, es sei der Freitod ein essentieller Aspekt der condition humaine. „Daß der Suizid", so heißt es, „die Freiheit, die Dignität, das Recht auf Glück erhärtet, scheint mir aus den Fakten mit Evidenz herauszutreten." So stehen Humaniät und Dignität des Menschen – von der Freiheit sei hier noch nichts gesagt, wir werden auch zu ihr kommen – dem échec entgegen. Sie ertragen ihn nicht. Halb zerschmettert nach dem Absturz in den échec, erhebt sich der Mensch im Namen seines Menschentums und reißt den Tod an sich heran. Es geht hier nicht um Psychologie, und darum kann auch die Psychologie des échec im besonderen nicht zur Diskussion stehen. Unter welchen Bedingungen die Lebenslage eines Menschen als échec bezeichnet wird, bestimmen zwei Instanzen: das Subjekt und die Gesellschaft. Die Urteile beider divergieren, insbesondere im Falle des Suizids. Die Gesellschaft lehnt diesen zunächst aus Gründen der Arterhaltung, in unserer Zivilisation aber auch unter religiösen und ethischen Vorzeichen, in den meisten Fällen ab. Hierbei sind die Psychologen und Psychiater ihre gehorsamen Diener. Der Getreidehändler hat sich umgebracht? Welch eine Unsinnstat! Er hätte doch nach Verbüßung seiner Strafe und möglichst nach psychohygienischer Beratung durch den bestallten Fachmann als kleiner Angestellter weiterleben, hätte am Ende sogar wieder hochkommen können; in jedem Fall wäre seiner Unvernunft zu steuern gewesen, auf daß er werde, was wir alle sind: ein nützliches Mitglied der Gesellschaft. Demgegenüber beharrt das Subjekt auf seinem Recht. Es will sich nicht komfortabel installieren im échec. Es pfeift auf die Gesellschaft, ja oftmals auch auf Angehörige, die sein Freitod – mit Maßen, denn man lebt nicht mit den Toten – unglücklich macht. Es bekräftigt ein letztesmal seine Dignität – und nach ihm die Sintflut.

Die Wasser verschlingen die Erde nicht, keine Arche Noah ist vonnöten, wenn einer aus dem Leben freiwillig scheidet. Die Gesellschaft, einschließlich der Familie, ist beleidigt, am Ende verzeiht sie milde – und vergißt. Der échec war nicht ihre Sache, sondern die eines augenblicksweise oder auch von langer Hand her gestörten Subjekts. Der Mann ist leider, wie schon manche vor ihm und gewiß unzählige nach ihm, eines unnatürlichen Todes gestorben. Was die Gemeinschaft der Lebenden nicht weiß, nicht wissen darf, soferne sie ihr Weiterbestehen als notwendig voraussetzt, ist allerdings dies: daß der Freitod für den Suizidanten zwar schwer, wie jeder Tod, zugleich aber auch natürlich war in hohem, ja im einzig anlegbaren Maße. Aber stellt denn der Gedanke an die Natürlichkeit des Freitods sich ausschließlich im Suizidanten oder Suizidär ein? Mitnichten. Wer immer der Idee des Todes begegnet, wird sich, wie Max Frisch es bezeugt, zumindest spielerisch einmal im Leben sagen: Da ich doch nur lebe, um zu sterben, das Haus nur baue, auf daß es beim Richtfest zusammenstürze, ist es besser, ich fliehe vor dem Tod in den Tod oder – wenn er weiter und genauer denkt: aus der Absurdität des Daseins in die Absurdität des Nichts.

Viel kommt hier darauf an, wie weit sein Widerwille gegen das geht, das an hoher Stelle eine „Reizwucherung des Seins", nämlich das Leben, genannt wurde. Ich reiche hier der Psychologie nicht den kleinen Finger: sie soll die ganze Hand nicht in die ihre nehmen; mit einem Bückling empfehle ich mich. Wage ich das Wort *Lebensekel* in den Mund zu nehmen, soll es für den Psychologen keinen Sinn haben. Es ist ja auch nicht gesellschaftsfähig im sozialphilosophischen Verstande, daß es einem Menschen zuwider ist, Fleisch zu sein, sich betasten zu können, zuwider auch, daß er sehen muß, was er nicht begehrt, Straßen und Gesichter und Landschaften, lauter Sehensunwürdigkeiten. Weder gesellschaftsfähig noch der Psychologie zugänglich, da sie doch einer das Leben erhaltenden Gemeinschaft unterworfen ist, während der, den es ekelt, von den Herrlichkeiten der Schöpfung nichts zu wissen wünscht. Nahrung aufnehmen und Exkremente ausscheiden. Morden, lustzittern, ermordet werden, furchtbebend. Sein. Und warum ist überhaupt etwas und nicht vielmehr nichts? Scheinfrage katexochen, man muß ihr begegnen kühlen Kopfes und der Logik geben, was ihrer ist. Muß dennoch, wenn man mehr will als scharfsichtig denkspielen, sie annehmen und aussichtsloserweise zu beantworten versuchen. Im Ekel vor dem Sein (der Reizwucherung des Nichts, sagt die hohe Stelle) und dem Leben (maligne Geschwulst des Seins) wird auf die Scheinfrage seiend im Ekel eingegangen. La nausée, eine der Grundverfassungen des Menschen. Sie ist so wenig zu eskamotieren wie der Eros, mit dem Unterschied, daß dieser von der Gesellschaft anerkannt wird, da er doch der Logik des Lebenden entspricht, jene aber, la nausée, von einer heulenden arterhaltenden Zivilisationsmeute verneint wird.

Übrigens beziehe ich nicht Stellung. Noch nicht. Worauf ich hinauswill, ist einfach dies: daß dem Bewußtsein des échec, der zum Freitod führt, als échec *im* Leben (Durchfallen des Abiturienten) und échec *des* Lebens (Gewißheit, daß das Haus eingerissen wird) – daß diesem das Gefühl des Ekels voraufgehen muß. Normal sein heißt den échec überwinden, und die Gesellschaft applaudiert dem braven Mann, der sich nicht bange machen ließ. Dem Suizidär ist bange. Ihm, der den Ekel mit mehr oder weniger Intensität stets verspürt hat, wird der échec *im* Leben und *des* Lebens zur vollkommenen Abscheulichkeit, die zurückzuweisen er gesonnen ist: in Stolz und Trauer. Er schlägt sich auf die Seite jener winzigen Minorität derer, die nicht mehr mitmachen wollen und die jeder Tropf feige nennt, als ob es höheren Mut geben könne, als der es ist, der dem Ursprung jeglicher Angst, der Todesangst, die Stirn bietet. Die Tapferkeit des Suizidärs ist nicht Hochmut, wohlverstanden. Stets wohnt ihr auch jene Spur von Scham inne, die als Derivat der Lebenslogik den Menschen vor dem Absprung fragen macht, warum gerade er nicht aushalten, durchhalten könne, wo doch die anderen ...

Stets ist der Freitod dem Suizidanten und dem Suizidär nur augenblicksweise natürlicher als der sozial akzeptierte natürliche Tod. Er *lebt* ja noch, während er denkt, so ist er mit einem Teil seiner Person der Lebenslogik tributär bis zum letzten Atemzug, bis in die ultimen Momente, wo er bewußtlos ist und nur noch sein Körper lebenslogisch agiert und reagiert, sich bäumt und bläht, nicht zulassen will, daß der Geist des Ekels, der vielleicht der Geist schlechthin ist, die Oberhand gewinne, die dann freilich alles aus sich entläßt und schlaff über den Bettrand ins Leere hängt, ehe der rigor mortis ihr wieder eine fürderhin sinnlose, weil dem Zerfall versprochene Festigkeit verleiht. Dem Suizidär ist bange, sage ich, bange vor dem Nichts, das er an sich ziehen will, das ihn aber nicht herzen wird, bange auch vor der Gesellschaft, die ihn verdammt (er ist Teil einer Minderheit und also gleichsam der Kolonialsklave des Lebens) und die, er weiß es, alles ins Werk setzen wird, ihn zu retten, man kann auch zeitgemäß sagen: ihn wieder zu vereinnahmen. Warum macht man ihm noch schwerer, was schwer genug ist, da es doch als Nein zum Sein absurder Widersinn ist, mit dem er es aber aufnehmen muß in Dignität. Ein letztes Mal berufe ich mich hier auf den Suizidologen Jean Baechler, der, ich wiederhole es, ein Mann der Lebenslogik ist und nichts weniger als ein Existentialpessimist. „Der Zustand der Gesittung", sagt er, „ist, was den Suizid betrifft, weit davon entfernt, ihm die ihm gebührenden Werte zuzuerkennen. Der Freitod bleibt als Schändlichkeit verworfen, selbst die unmittelbare Umgebung des Suizidanten wird fast immer scheel angesehen von den Nachbarn. Gewiß haben sich die institutionellen Einstellungen seitens der Kirche, des Staates geändert, man verzichtet auf äußere Anzeichen des Schimpflichen. Aber die öffentliche Meinung ist noch nicht so weit, und in ihr ist das alte, zweifellos aus der christlichen Tradition stammende Interdikt lebendig." Auch aus dieser, *nicht nur* aus ihr. Ich kannte ein Ehepaar, dessen Sohn, ein junger Anwalt für politische Delinquenten, in einem afrikanischen Staat eines gewaltsamen Todes starb; ob Selbstmord vorlag oder Mord, konnte nie aufgeklärt werden. Vater und Mutter waren sich aber einig in der laut bekundeten Meinung, sie hofften, daß ihr Sohn ermordet worden und nicht von eigener Hand gestorben wäre. Das Ehepaar war jüdischer Konfession, in jüdischer Tradition ankernd. Den Leuten schien der Mord natürlicher als der Freitod, der in ihrer Vorstellungswelt eine Ignomie war. Es waren, dies ist anzumerken, harmlose, ja überaus gutmütige Menschen. Und dennoch war der Selbstmord, wie sie den möglichen Freitod des Sohnes nannten, etwas Anstößiges, das man nicht einmal in Erwägung ziehen wollte, wiewohl doch ein Mord, exekutiert von Afrikanern, die sich auf Marter und Verstümmeln verstehen, entschieden etwas Scheußlicheres gewesen wäre. Das Alte Testament kennt, soviel ich weiß, kein ausdrückliches Verbot des Suizids. So hat denn offenbar das unglückliche Ehepaar nicht so sehr einer religiösen Tradition folgend seine in hohem Maße befremdliche Position bezogen, als vielmehr aus Gründen, die jenseits alles Herkommens, aller Religion liegen. Vater und Mutter wollten nicht wahrhaben, es könne ihr Sohn mit der Logik des Lebens gebrochen haben, wollten nicht anerkennen, daß erstens der natürliche Tod so natürlich nicht ist, daß zweitens der Sohn den Freitod als den für ihn natürlichen gewählt hatte.

Sind die jüngsten Ergebnisse der Suizidologie verbindlich – worüber mir allerdings kein Urteil zusteht, da ich von den in die Tausende gehenden Veröffentlichungen über den Suizid nur einen vergleichsweise winzigen Ausschnitt kenne – so ereignet der Freitod sich in allen uns bekannten Gesellschaften, ereignet sich zu allen Zeiten in jedweder religiösen Gemeinschaft. Er wurde freilich auch zu allen Zeiten mit prinzipiell erforschbaren und teilweise schon erforschten und begründeten Variablen stets nur von einer unbeträchtlichen Minderheit vollzogen. „Sollt ich den röm'schen Narren spielen und sterben durch mein eignes Schwert?" fragt Macbeth. Die sozial gerechtfertigten Suizide – in China nach des Tode des Meister Kung-tse, in der griechischen Antike, in der der Philosoph Hegesias zum Freitod aufrief, in der spätrömischen Epoche, wo er gelegentlich Sache der Bienséance war, bei den Westgoten, wo alte Menschen sich vom Felsen stürzten, um als Lohn für ihre Tapferkeit den Eintritt ins Paradies zu erhandeln – haben, aus der historischen Vogelperspektive gesehen, nur geringe Bedeutung. Die Lebenslogik triumphierte und triumphiert. Zu Recht. Auf ihrer Seite stehen nicht nur die Triebe, sondern, wie ich im ersten Hauptstück darlegen konnte, das logische Prinzip schlechthin, da doch die Vernunft – Vernunft des Seins und des Lebens – unmög-

lich ein Nicht gegen ein anderes abwägen kann, nur ein Etwas im Vergleich zu einem anderen Etwas. Die Gleichung A=A ist Ausdruck der Urerfahrung des Seins und Daseins. Die Äquation Nihil = Nihil ist sinnlos und widervernünftig. Nur eine Kleinigkeit ist zu bedenken: Es *gibt* den Freitod. Gibt ihn, wie zu zeigen versucht wurde, als Antwort auf den échec, als Widerrede gegen das Leben, das seinen eigenen échec in sich birgt, das seine eigene Verneinung ist, also: Affirmation und Negation zugleich und darum *absurd*, nicht weniger absurd als der Freitod, der nur deshalb als „zwiefach absurd" bezeichnet werden darf, sogar muß, weil der ihn Vollziehende bis zum Ende mit einem Teil seiner Person in die Lebenslogik, die er verneint, da er ja sich selbst schließlich negieren wird, eingeschlossen bleibt. Er bricht aus und liegt dennoch in Fesseln. Er will nicht warten auf den natürlichen Tod, der als widernatürlich erkannt wurde, gleichwohl als das Natürliche, verkleidet in das Narrenkleid Leben, eine unaussprechlich süße Lockung ist.
Der durchgefallene Abiturient Heinrich Lindner aus dem „Freund Hein" Emil Strauß' wandert nach der ihn beschämenden Abiturfeier, zum Freitod entschlossen, mit der Pistole durch den Wald. Durch die Blätter fallen Sonnenstrahlen. Tau liegt auf den Wiesen. Ein Bach sprudelt munter, wie das Gesetz des Lebens es befiehlt. Der Achtzehnjährige gönnt sich noch ein paar Schritte da, eine kurze Rast dort. Sagt, sich zusammennehmend: Der Geist ist willig, aber das Fleisch ist schwach und intrigiert in der liebenswürdigsten Maske gegen ihn. Er widersteht der Lockung, die Lockung des Seins eher ist als bloßes Verlangen des Fleisches, zu bestehen. Dank nicht nur der Stärke seines Geistes, sondern auch des Ekels, der seit langem schon aufgestiegen ist in ihm, vollzieht er den Akt, den er sich befahl. Und jetzt ist nicht gleich nicht: die absurde

Gleichung, die wir alle lebend hinschreiben, wenn der Todesschatten auf uns fällt, für nichts und nichts, ist nun gelöst — für nichts und nichts. Oder soll ich sagen, das Prinzip Nihil war stärker als das Prinzip Hoffnung, an das ich bei aller historisch-politischen Sympathie für den, der es hochgemut aufstellte, nie geglaubt habe? Es wäre verfrüht, an diesem Punkte schon die Frage aufzugreifen. Vorläufig kann es nur darum gehen, den Freitod als ebenso natürlich oder ebenso unnatürlich wie jederlei Tod zu rehabilitieren. Dies vor allem gesellschaftlich, denn der Tod, frei oder nicht, ist philosophisch nicht zu verteidigen. Nur darum komme ich ein, daß dem Suizidär, dem Suizidanten trotz seiner minoritären Situation das Recht werde, das jede Minorität für sich in Anspruch nimmt. Schon sind wir ja glücklicherweise so weit, daß in allen fortgeschrittenen Gesellschaften die erotischen Minderheiten weder als kriminell gelten noch als krank. Man stellt Homosexuelle, Frauen und Männer, nicht unter Quarantäne, bis sie „geheilt" sind. Durchaus ist nicht einzusehen, warum der Suizidär der letzte große Außenseiter bleiben soll. Natürlich ist sein Akt der Gesellschaft gegenüber negativer als das homoerotische Verhalten: dieses lehnt nur die Logik der Prokreation ab, nicht die des Daseins. Dennoch ist es schlecht verträglich für das humane Gemüt, daß man den Suizidär, gelingt sein Vorhaben, schnöde verleugnet, gelingt es nicht, als einen Verrückten behandelt. In einem sich besonders fortschrittlich dünkenden, kleinen mitteleuropäischen Lande wird jeder „gerettete" Suizidär, soferne er nicht versteht, seine Tat zu verschleiern, ex officio in eine psychiatrische Klinik eingeliefert. Nie werde ich den schrecklichen und beschämenden Eindruck vergessen, der in mir erweckt wurde durch eine junge Frau, die nur von ihren Freitod*absichten* gesprochen hatte und die nun, angetan mit einer Art von härenem

Büßergewand, inmitten von Narren saß, verzweifelt das Urteil von ein paar universitär ausgebildeten Toren erwartend, denen sie intellektuell turmhoch überlegen war. Eine Kommission Wildfremder hatte zu entscheiden, ob und wann man sie freilassen würde. Welch unglaubliche Anmaßung einer Gesellschaft, die um den Tod nur herumredet! Hier ist Abhilfe zu schaffen, was nicht erzielt werden kann, ohne daß die Arroganz einer Wissenschaft, die nichts weiß, da sie vom Tod nichts wissen kann, gebrochen werde. Ich mache mir keine Illusionen.

Mein kleiner Exkurs in ein Gebiet, das das meine nicht ist, wird gewiß das letzte sein, das die Herren, die da entscheiden über Sinn und Irrsinn, die den „Selbstmörder" seiner Freiheit berauben, zur Einsicht bringen wird. Solange nicht von einer Seite, die nichts mit Psychologie und Psychiatrie zu tun hat, eine Bewegung ins Leben gerufen wird, deren Ziel die bündige Anerkennung der Freiheit zum Freitod als unveräußerliches Menschenrecht dringlich fordert, werden die Dinge bleiben, wie sie sind. Den Suizidär, den Suizidanten wird die Gesellschaft weiter „exkommunizieren" unter dem hämischen Vorwand, sie hätten ja selber durch ihren vollzogenen oder geplanten Akt auf die Kommunion verzichtet. Für die von mir ins Auge gefaßte Hilfeleistung sind die Antipsychiater, sind Autoren wie Michel Foucault und Deleuze/Guattari nötig, aber nicht ausreichend, und streng müßte darauf geachtet werden, daß sie am Ende nicht noch Unheil anrichten, denn ihre Grundkonzeption des Geistesleidens als einer Krankheit des Sozialkörpers schießt weit übers Ziel hinaus. Tatsächlich gibt es ein Irresein, welches in seiner Ablehnung des Totals der Erfahrung nicht gesellschaftlich bedingt und darum auch nicht gesellschaftlich heilbar ist: wer unerschütterlich darauf beharrt, er sei der deutsche König Heinrich IV. wie der Protagonist des Pirandello-

Dramas, irrt und ist irre. Man kann keine Gesellschaft errichten, die ihm recht gäbe, dergestalt, daß sie ihn zu dieser historischen Persönlichkeit mache. Im Gegenteil, die Sozietät wird sich vorsehen müssen, daß er nicht Mörder dinge, die einen als Papst Gregor VII. imaginierten Menschen totschlagen, damit der Gang nach Canossa gerächt sei.
Ich bin abgekommen vom Gegenstand, aber nicht weit genug, um nicht den Faden wiederaufnehmen zu können. Denn wenn hier Irresein und Gesellschaft ins Gespräch kamen, so konnte dies ja nur geschehen, weil eben die Gesellschaft im Suizidär grosso modo einen Narren oder Halbirren sieht, weil sie nicht einzutreten vermag in seine geschlossene Welt. Gerade dies aber soll hier versucht werden – soweit die Mittel der Sprache reichen. Wir sprechen vom échec und vom Weltekel, der den Todesekel mit umgreift. Beide sind Phänomene, denen die Wissenschaften Psychologie und Psychiatrie ihre Dignität geraubt haben. Sie stellen sie hin als Krankheiten, wohlwissend und einverständlich, daß Krankheit Schande ist. (Wer kennte nicht den Mann, der einen kleinen Schlaganfall erlitt, dies aber fürsorglich und hartnäckig verbirgt, so gut, so schlecht es geht?) Die Forschungszweige meinen, sie wüßten manches über die für sie krankhaften Zustände von Weltekel und échec. In Wahrheit kennen sie nur Verhaltensweisen. Nicht mehr, als Konrad Lorenz von seinen lieben Graugänsen versteht, wissen sie vom Menschen. Da ist der Melancholiker. Seine Maske ist starr, ausdruckslos oder schmerzlich. Der „Patient", denn geduldig muß er wohl sein angesichts der lächerlichen Wichtigtuerei, die um ihn herum veranstaltet wird, zieht sich aus der Welt zurück. Nur selten geht die Wissenschaft einen kleinen Schritt über behavioristische Konstatierung hinaus, beziehungsweise löst sich von vorgegebenen hypothetischen Speku-

lationen. Dann liest man Sätze wie diesen: „Die Vergangenheit war unwürdig, die Gegenwart ist schmerzhaft, die Zukunft nichtexistent" (L. Colonna in der Veröffentlichung „Suicide et nosographie psychiatrique"). Irgendeinmal versucht dieser aus dem Patienten zum Ungeduldigen gewordene Mensch den Suizid. War ihm wirklich seine Vergangenheit unwürdig? In seinem Sinne gewiß: im Gefühl des échec summiert er alle Mißerfolge seiner Existenz. Das ergibt schon ein erdrückendes Resultat. Andererseits aber waren alle Demütigungen, die er erlitt, alle Leiden, die man ihm zugefügt hat, die enttäuschten Hoffnungen, ja doch ein Stück von ihm: er trennt sich schwer von ihnen; der von Freud festgestellte „Trennungsschmerz" tut ihm wehe, wenn er vor einer Zukunft, die freilich nur er als neues Erleiden voraussehen kann, davonrennt, geradenwegs in die verborgene Nichtexistenz, den Tod, der nunmehr für ihn der einzig natürliche Ausweg ist: er hat weder Zeit noch Lust, zu warten auf ein Sterben, das als „natürliches" kommt und von dem er weiß, daß sein agonisierender Leib sich ihm blöde und hoffnungslos entgegenbäumen und blähen wird. Wie krank ist der Melancholiker? Wie krank ist der Depressive? Ich habe keinen Beruf, keine Qualifikation, hierüber so zu reden, daß mein Diskurs von wissenschaftlichen Instanzen angenommen, ja nur angehört würde. Mir scheint nur, nach allem, was ich gelesen und selber erfahren habe, daß die Grenzen von psychischer (und, beiläufig, körperlicher) Gesundheit gegen den Bereich der Krankheit stets willkürlich und nach dem jeweils in Geltung stehenden Bezugssystem der Gesellschaft gezogen werden. Wie krank waren die Visionäre, die Mystiker, die Ekstatiker? Wie gesund die von Schopenhauer also benannten Vielzuvielen, die da unter Anrufung des gesunden Menschenverstands je und je den himmelschreiendsten Widersinn von sich gaben? Erst gestern las ich von einem französischen Minister des Königs Louis Philippe, der gesagt habe, es sei höchst gesund für Arbeiterkinder von acht Jahren, zehn bis zwölf Stunden am Tage in Manufakturen zu arbeiten, anders würden sie in ihrer Freizeit Allotria treiben. Der Mann war für unsere Begriffe ein Schurke oder geisteskrank: seinen Mitbürgern und Zeitgenossen erschien er als ein unanzweifelbar vernünftiger Mensch: auch als ein humaner. Hatte er nicht die Gesundheit der Kinder im Auge? Wie krank, frage ich mich, bin ich selber, weil ich des Tabakgenusses mich nicht enthalten kann, der mir ärztlicherweise längst untersagt wurde? Wie krank bin ich, wenn ich versuche, mitten im Leben vom Tode mich umfangen zu lassen und die absurde Todeslogik einer nicht weniger absurden Lebenslogik als gleichberechtigt an die Seite zu stellen? Sehe ich richtig, beginnt geistige Krankheit erst dort, wo jemand dem Ganzen der Erfahrung Fehlurteile voransetzt, wo er behauptet, er sei, was er nicht ist, sei gewesen, wo er niemals war, sei schon gestorben, wo er doch in der Tat noch lebt. Der Depressive oder der Melancholiker, für welchen „die Vergangenheit unwürdig, die Gegenwart schmerzhaft, die Zukunft nichtexistent" sind, wie der Fachmann seinen Zustand beschreibt, ist so wenig krank wie der Homoerotiker. Er ist nur *anders.* Die Wissenschaft meint, er habe alle Proportionen verloren, ein belangloser Zwischenfall werde von ihm durch psychischen „blow-up" aufgetrieben, ein Ameisenhaufen sei ihm ein Berg. Der logische Unsinn solcher Aussagen liegt auf der Hand. Das „Ding" (der Ameisenhügel in unserem Beispielsfalle, bzw. der Berg) ist niemals etwas anderes als Zweckkonstruktion. Ein Tisch ist für mich ein Tisch dann und nur dann, wenn ich ihn als solchen benutze: an ihm arbeite, auf ihm mir meine Speisen serviert werden. Er ist kein Tisch im umgangssprachlichen

Sinne mehr, wenn ich ihn stets nur als Hilfsleiter gebrauche, um meine Zimmerwand zu bemalen. Und durchaus kann ich auch in De-facto-Situationen kommen, wo der Ameisenhaufen mir zum Berg wird, so etwa, wenn ich platt am Boden liege und mit zusammengekniffenem Auge die dort eilig auf und ab trabenden Termiten beobachte. Die „Proportionen" werden von der Gesellschaft gemessen. Aber außerdem hat noch jeder sein eigenes Maß zur Hand. Mein Urteil, soferne es nicht das Total aller Erfahrung in Frage stellt, muß schließlich als das gültige anerkannt werden. Ich bin befugt zu sagen: Der Zwischenfall, der euch belanglos erscheint, mag es ja für euch sein, das leugne ich nicht; für mich aber ist er ein entscheidendes Lebensereignis, entscheidend genug, daß ich mir seinetwegen den Tod gebe.

Den natürlichen Tod. Dieser ist mir natürlich nicht nur, weil ich den umgangssprachlich als natürlichen Tod bezeichneten geistig nicht verarbeiten kann, sondern auch, weil ich mich einem gesellschaftlichen Urteil über mein Sein und Tun zu unterwerfen nicht gesonnen bin. Es ist dieses ja wesentlich durch *Funktionalität* bestimmt. Wer als Melancholiker seiner Berufstätigkeit nur mit Widerwillen und darum unzulänglich, schließlich gar nicht mehr nachgeht, nur am Bette kauert und die Dinge an sich herankommen läßt, ist für die Gesellschaft nicht brauchbar, funktioniert nicht. Die Sozietät muß also danach sehen, daß man ihn „heile", durch psychotherapeutisches Herumgerede, durch Elektroschocks, durch chemotherapeutische Behandlung, und wenn all dies nicht hilft, ihn aus- und einsperre. Erst einmal im Narrenturm, ist er unsichtbar, stört nicht, ist außerdem so gut bewacht, daß der Freitod ihm nicht gelingen kann: so hat die Gemeinschaft der Tätigen ein gutes Gewissen. Einspruch. Ich stehe nicht an zu sagen, daß hier die soziale Justiz nicht nur einen Irrtum begeht, der noch verzeihlich wäre, sondern eine Untat, deren sie sich vage bewußt sein muß. Herumgerede und Schocks und Präparate stehen hier im Begriff, einen, der *anders* war, von sich heraus, zum Noch-Anderen zu machen. Ein Ich, einem Menschen oktroyiert, welches nur das fragwürdige Produkt äußerer Eingriffe ist, die ihm seinen Eigen-Interessen entfremden. Es nehmen, dies ist wahr, äußere Eingriffe auch der Dentist, der Chirurg vor, und kein vollsinniger Mensch wird behaupten wollen, es dürfe ein entzündeter Blinddarm nicht operativ entfernt, ein periostitischer Zahn nicht extrahiert werden. Aber Eingeweide und Zähne sind, auf die Person des Kranken bezogen, die Außenwelt: wem ein Blinddarm entfernt wird, dem stößt nichts Schlimmeres zu als einem, der aus einer Wohnung, in der ihn Lärm stört, in eine andere übersiedelt. Hier ist es die res extensa, die alteriert wird, zum Guten. Wo aber die Depression, die Melancholie angegangen, wo gar ein Freitod-Projekt vereitelt wird, dort geschieht der res cogitans ein Leids, ein übleres, als trübste Seelenverfassung es jemals sein kann. Daß allenfalls der „Geheilte", wenn er erst selber nichts mehr weiß und stumpfsinnig funktioniert, dankbar sagt, es habe Dr. Soundso ihm ein Medikament verschrieben und seither sehe er die Welt wieder im rosigen Licht, meint gar nichts. Da plappert einer, dem man andere Rede untersagte.

Läuft also zu schlechter Letzt alles auf den Kampf zwischen dem Ich und den Anderen, dem Individuum und der Gesellschaft hinaus? Ja und Nein. Der Konflikt wird ausgefochten oder beigelegt, zugunsten der Gesellschaft allerwegen, es ist ja klar: sie bildet dem einsamen Ich gegenüber die erdrückende Mehrheit. Wer aber erst so weit ist, daß er das Majoritätsurteil von sich weist, da er die Unüberschreitbarkeit der Kluft von Individualität und Funktionalität einerseits, von subjektiver Befindlichkeit und intersubjektiver Konstatierung andererseits eingesehen hat, wird diesem Urteil gegenüber zwar nicht blind feindlich sein (dann wäre er irrsinnig), wird aber recht wohl es einschränken und seine Verbindlichkeit nicht als allgemein und unwidersprechlich anerkennen. Er hat die Widernatürlichkeit des natürlichen Todes vorausgespürt: also kann er dem Suizidär und Suizidanten das Recht auf die Natürlichkeit des von ihnen frei gewählten Todes nicht länger absprechen. Damit ändert sich *radikal das Gesamtbild der Welt.* Der Tod, der uns alle umfängt zu jeder Stunde, ist nicht mehr „le faux", als das Sartre ihn logisch schwer angreifbar, aber human unzulänglich bezeichnet hat. Auch das Todesantlitz trägt andere Züge. Der Tod kann nicht verdrängt werden, weil er nicht verdrängt werden darf: ein neuer Humanismus, der das Prinzip Hoffnung als gerechtfertigt ansieht, zugleich aber das in sich widersprüchliche und dennoch unausweichliche Prinzip Nihil anerkennt, erscheint vor unserem Horizont. Der Suizidär wird zur ebenso beispielhaften Figur wie der Held. Der Weltflüchtling ist nicht schlechter als der Welteroberer – vielleicht sogar um eine Spur besser. Wo die ihr wechselndes und doch im Sinne der Funktionalität ewig gleiches Gesetz aufstellende Majorität nicht mehr das letzte Wort hat, wirft der Mensch der Einsicht und umfassenden Toleranz das seine in die Waagschale.

Nun ist der Suizid so wenig Schande mehr wie Armut und Krankheit. Er ist nicht mehr die Un-Tat eines verdüsterten (im Mittelalter hätte man gesagt, eines von Dämonen besessenen) Gemüts, sondern Antwort auf die drangvollen Herausforderungen des Daseins und namentlich des Zeitvergehens, in dessen Strom wir mitschwimmen und uns selber ertrinken zusehen; Stück um Stück unseres Ich wird schon weggeschwemmt, wenn die Erinnerungen verblassen und die Realität unserer Person schließlich in einen Strudel gerät, der sie in die Untiefen reißt. Was ist der Suizid als natürlicher Tod? Das schmetternde Nein zum schmetternden, zerschmetternden échec des Daseins. Der Händler hat sich umgebracht? Es war besser, als die Schmach auf sich zu nehmen und zu warten, daß die Gesellschaft seine Wechselmachenschaften vergesse. Der durchgefallene Abiturient hat sich erschossen? Er war darum kein misfit, im Gegenteil, beugte der Drohung vor, daß er einer werde. Ein Melancholiker zog die Konsequenzen aus seiner düsteren Weltschau, von der niemand sagen darf, daß sie eine verkehrte war. Wir wollen ihm zumindest zugestehen, daß er rational gehandelt hat, nämlich seiner eigenen und unveräußerlichen Ratio entsprechend. „Man muß schließlich leben", sagen die Leute in ihrer Leuteweisheit. Man muß nicht, muß dies um so weniger, als ohnehin alles darauf hinausläuft, daß wir irgendeines mit Sicherheit heraufkommenden Tages nicht mehr leben müssen, sondern nicht leben *dürfen.* Ist ein Schnitter, der heißt Tod. Da kann ein jeder die Sense zur Hand nehmen und sie selber schwingen. Der Metapher Grenzen sind schon erreicht. Man kann sich nicht selber hinmähen. Aber nicht leben dürfen: dies wird Gebot dort, wo Dignität und Freiheit der Widernatur des Lebens zum Tode, des Lebens im échec das Unwesen verbieten. Das Subjekt entscheidet in voller Souveränität für sich, was nicht heißt: gegen die Gesellschaft. Der Einzige kann ein Eigentum, das nie wirklich sein eigen war, zerstören um der Eigentlichkeit willen, nach der es ihn verlangt. Er legt Hand an sich. – Hiervon des weiteren.

III. HAND AN SICH LEGEN

Und noch ein Wort, von der Sprache der Realität abgezogen, dann von ihr weitergeführt, zuletzt wieder vernachlässigt, so daß es heute schon fast archaischen Charakter hat: *Hand an sich legen.*

Mir ist es freilich immer so überaus eindringend erschienen, durchdringend auch, daß ich es immer noch zu gebrauchen aufgelegt bin, wie abgelebt es auch klinge. Hand an sich legen. Eine fürchterliche suizidäre Handlung fällt mir dabei ein, von der Gabriel Deshaies in seinem 1947 erschienenen, meines Wissens nicht ins Deutsche übertragenen Werk „La psychologie du suicide" spricht.

Ein Schmied legte seinen Kopf zwischen die Blöcke eines Schraubstocks und drehte mit der Rechten das Gerät zu, bis der Schädel zerbrach. Von anderen Todesarten – „Todesarten", hätte nicht dies der Titel des letzten Buches von Ingeborg Bachmann sein sollen? – ähnlich grausamer Art hat ein jeder schon vernommen. Der Mann, der sich mit dem Rasiermesser die Kehle durchschneidet. Der japanische Dichter und Krieger Mishima stößt sich die Spitze seines Säbels in den Bauch, wie das Ritual es befiehlt. Ein Strafgefangener dreht aus seinem Hemd, das er zerreißt, eine Schnur, windet sie um seinen Hals, erhängt sich an den Gitterstäben seiner Zelle. Gewaltsame Todesarten: die Hand wird tatsächlich angelegt. Woran? An einen Körper, der für den Suizidanten Teil des Ich ist. Von diesen beiden, dem Ich und dem Körper, alsogleich. Sie sind eins und sind zweierlei. Objekt des Suizidärs und des Suizidanten und Subjekt, als solches unüberschreitbar, wenn auch vulnerabel und vernichtbar. Kein Zweifel, daß der den Freitod Suchende zu beiden, die Einheit und Zweiheit sind, ein besonderes Verhältnis haben muß – vielleicht würde die Psychologie es ein „narzißtisches" nennen. (Was Auto-Aggression nicht ausschlösse, doch über psychologische Hypothesen später, zu gegebener Zeit.) Hier stehen wir vor dem nackten Faktum, daß ein Ich und ein Körper zerstört werden – vom gleichen Ich, demselben Körper. Wie ist es um diesen bestellt? Es sei, so sagte ich, dem Ich gegenüber, körperliches Geschehen, es seien Teile meines Körpers, Herz, Magen, Nieren etc., „Außenwelt". Hier ist manches zu ergänzen, denn in der Tat sind hier Außen und Innen, beziehungsweise Drinnen, so beschaffen, daß sie sich oft durchdringen, dann wieder voneinander fliehen, anderweilen sich so fremd sind, als hätten sie sich nie gekannt. Die Beziehung von Körper und Ich ist vielleicht der mysteriöseste Komplex unserer gelebten Existenz oder, wenn man es lieber will: unserer Subjektivität oder unseres Für-sich-Seins. Wir sind unseres Leibes nicht gewahr im Alltag. Er ist unserem In-der-Welt-Sein das, als was Sartre ihn bezeichnete: „le négligé", „le passé sous silence", vernachlässigt, man spricht kaum von ihm, denkt seiner nicht. Eingeschlossen ist der Leib in ein Ich, das seinerseits wieder draußen ist, anderswo, im Raum der Welt, wo man sich „nichtet" (se néantise), sein Pro-jekt zu verwirklichen. Wir *sind* unser Körper: wir *haben* ihn nicht. Er ist, wie ich es einführend schrieb, das Andere, ist Außenwelt, gewiß. Ebenso gewiß aber wird er uns als Fremd-Körper erst dann bewußt, wenn wir ihn mit den Augen der Anderen sehen (also etwa: auf wissenschaftlichem Wege uns über seine Funktionen informieren) oder wenn er uns *Last* wird. Doch noch in diesem Fall, wenn wir zum Beispiel vor Schmerzen „aus der Haut fahren möchten", wie die Redeweise es will, ist er feindlich und eigen zugleich: die Haut, deren wir uns entledigen, die wir abwerfen wollen, ist ja immer noch unsere, ist Teil des Ich. „Le négligé" ist der Leib nur dann, wenn er uns Welt vermittelt. Im Hochsprung ist er Luft und Fliegen; beim Schilauf wird er zu stäubendem Schnee und eisigem Wind.

Darf man sagen, wir seien im Alltag, dem körperlich lastlosen, wenn wir eilig voranlaufen, wenn unser Arm den Auto-Schalthebel zu seiner Fortsetzung macht, unserem Leib entfremdet? Vielleicht. Da aber ein Ent-fremden ein Bei-sich-gewesen-Sein voraussetzt, was nicht unter allen Umständen der Fall ist, sprechen wir besser vom Noch-nicht-Besitzen unseres Körpers. Er trägt uns, ein getreuer Knecht, stummer Diener, der auf leisen Sohlen verschwindet, wenn sein Dienst getan ist und wir in Schlaf fallen. Der Knecht revoltiert, wenn wir krank werden. Dann erfaßt uns Wut gegen ihn, beziehungsweise gegen den uns schmerzhaft kränkenden Teil. Und wir antworten. Der „verdammte Zeh", der uns wehtut, wird zum persönlichen Widersacher, den wir nun beschimpfen, von dem wir aufbegehrend verlangen, daß er uns „in Ruhe lasse". Gleichwohl, der Zeh ist unser: wir wünschen nicht, daß man ihn amputiere, wollen ihn nur wieder „passer sous silence". Selbst der Zahn, der uns in seiner spröden Materialität im neurologischen Sinne fremder ist als der Zeh und den wir, wenn seine Wurzelhaut infiziert ist, vom Zahnarzt uns entreißen lassen müssen (ich muß mir den verfluchten Zahn ziehen lassen, der mich quält, sagt man), wird im Moment der Extraktion und noch eine Weile danach etwas bestürzend Eigenes, das wir melancholisch vermissen und dessen Nicht-Dasein, für das die Lücke zeugt, unser Ich herabmindert. Wir sind „weniger" nach der Extraktion, wir schämen uns der Lücke, und dies aus weit tieferen als bloß ästhetischen Gründen. Warum sollte die Asymmetrie, die eine Zahnlücke unserem Gesicht gibt, nicht etwas Apartes haben? A part, recht wohl: wir sind mit ihr à part, anders als die anderen, geringer als sie. Und wir vermeiden, ehe der Ersatz kunstvoll hergestellt und eingepaßt wird, jedes Lächeln. –

Aber geht es denn um einen Zahn, um einen Zeh, geht es sogar um einen Arm, ein Bein? Nein, leider: es geht, wenn wir vor dem Freitod stehen, wenn wir Hand an uns legen, um den *ganzen Körper*, der Gestalt und Träger unseres Ich war, Fremdes und Eigenes, „le passé sous silence", von dem aber fürderhin nicht nur wir nicht reden werden (denn wir werden nicht mehr dasein), das vielmehr selbst nicht mehr spricht, da keiner da ist, der seine Stimme zu hören vermöchte. Er wird zur Sache unter den Händen der Ärzte, die eine Obduktion vornehmen, der Leichenträger, die ihn in die Grube gleiten lassen. So kommt es, daß wir ihn, noch ehe wir unmittelbar vor dem Absprung stehen, mit nie zuvor erreichter Intimität wahrnehmen. Eine besondere Rolle spielt hierbei der *Kopf*. Ich stehe oft auf dem Balkon eines sechzehnten Stockwerkes, steige dabei übers Gitter (erfreulicherweise bin ich vollkommen schwindelfrei), halte meinen Körper, den nur noch die Linke an die Eisenbarre klammert, weit hinaus ins Leere und starre in die Tiefe. Ich brauche nur loszulassen. Wie wird mein Körper hinabstürzen? In eleganten Korkenzieherdrehungen, wie ich sie bei Kunstspringern so oft bewunderte? Oder wie ein Stein? Kopfabwärts, so bilde ich mir ein, und nehme in der Imagination das Zerschmettern des Schädels auf dem Asphalt voraus. Oder Ertrinken, irgendwo an der Nordseeküste. Wasser an den Beinen, Wasser, das langsam steigt, zur Brust, über sie hinaus, an die Lippen.

Der Kopf wird noch eine Weile oberhalb der Wellen bleiben wollen, voll bis zum Zerspringen von gurgelnder Flutenmusik. Bis er verschwindet, und was die Leute dann an den Strand ziehen, ist eine Sache, une chose, kein „Ertrunkener", sondern ein Etwas, das mit Mensch und Ich nichts mehr zu tun hat. Die Guillotine: déjà le couperet tombe. Das Abhauen des Kopfes ist die drastischste Vorführung der Vernichtung. Den Kopf habe ich auch im Sinne, wenn ich daran denke, daß ich nur sehr mittelbar Hand an mich lege, so wenn ich Tabletten schlucke, die nun den Schlaf wirklich zu des Todes Zwillingsbruder machen. Wird mein Kopf über den Bettrand hängen? Werden die Augen aufgerissen sein? Wie immer: mit des Kopfes definitiver Verdinglichung werde auch ich zum Ding. Und all dies, wohlvermerkt, hat keinen Bezug zum Wissen darum, daß der Kopf Sitz ist meines Cortex. Es ist ein Grundelement der Ich-Erfahrung, von dem ich spreche. Kein Zufall, daß Schläge auf den Kopf als die schmachvollste aller denkbaren Erniedrigungen gelten. (Es ist bekannt, daß man Kinder niemals ins Gesicht schlagen soll.) Wir wissen von unserem Kopf und dessen Herrscherlichkeit, lang ehe wir die mindeste physiologische Kenntnis besitzen. Ist also *er* unser Ich? Nicht das gesamte, versteht sich, aber der phänomenal als ranghöchst urerfahrene Teil. Wer auf die Schwelle des Freitodes tritt, führt wie niemals zuvor mit seinem Körper, seinem Kopf, seinem Ich den großen Dialog. Es gibt da viele Stadien, zahllose Gesprächsnuancen, wechselnde Aspekte – viel mehr, als daß ich allen hier gerecht zu werden vermöchte. Weniges denn aus der Fülle. Erwachende Zärtlichkeit zu etwas, das doch abzuschaffen man im Begriffe steht, denn bald, in der Dekomposition, werden ein nicht mehr daseiendes Ich und ein zum Zeug gewordener Leib volleinig sein in der Nichtigkeit – für nichts und nichts. „Trennungsschmerz", wie Freud es sagt, vor dem Abschied vom Fremd-Eigensten, dem Leib. Hand, die da die andere betastet, so daß Tastendes und Betastetes nicht mehr auseinanderzuhalten sind, sie wird zerfallen — „diese Hand da fällt", wie es im Gedichte heißt. Noch fühlt sie sich und fühlt die andere. Die Hände streicheln einander, Liebende, die auf einem Provinzbahnhof stehen und im ehernen Getöse einander sagen: Vorbei und nie wieder — aber doch noch miteinander sind. Arme, Beine, das Geschlecht, wie werden sie aussehen in den Phasen der Auflösung? Noch sind sie da, fremd und ureigen, verachtet, verworfen schon, geliebt noch immer. Hals, den der Strick abwürgen wird: man muß gut zu ihm sein, bevor er nicht mehr Teil ist meines In-der-Welt-Seins, vielmehr nur noch in der Welt ist: der Welt der anderen, unverlierbare Materie des Weltganzen, diesem aber, das sich selbst nicht kennt, vollkommen gleichgültig. Die Zärtlichkeit zum eigenen Körper, dem man schon abgeschworen hat, da doch das Ich, das er trug, nicht länger bestehen darf, ist von fernher der Masturbation verwandt. Gleich dieser bildet sie einen circulus. Die Linien, die nach draußen führten, auf Gegenstände trafen, auf andere Leiber, ihre Finalität hatten, sind alle rundgebogen und münden ineinander in sinnlosem Kreise, der sinnloser Tat entspricht. „Durch die menschliche Realität allein gibt es eine Welt", sagt Sartre. Hier aber ist die noch seiende menschliche Realität ganz auf sich selber gestellt, masturbierenderweise, hat auf die Welt verzichtet, so daß es also dahin kommt, daß man fragen muß: Ist es noch menschliche Realität, die da zärtlich umgeht mit ihrer Körperhaftigkeit? Auch hier gilt die unaufhörlich und monoton durch diesen Diskurs sich ziehende Antwort: ja und nein. Sie *ist* menschliche Realität, da ja der Körper immer noch sich selber im Ich erfühlt, sei es in Wut (vor dem Durchschneiden der Gurgel), sei es im

Trennungsschmerz, wenn der sanfte Schlaftod gewählt wird, den die chemische Industrie uns möglich macht. Sie ist es nicht mehr, wo noch ein Blick fällt hinein in die Welt, nach welcher unser Bewußtsein doch aufbrechen sollte, die aber im nächsten Augenblick fortgeworfen wird wie ein schäbiges Gewand, womit dann sie und das Ich, welches die Welt anforderte und das sie in sich aufnahm, so wie, umgekehrt, das Ich von der Welt empfangen wurde, zu jenem Ende kommen, das beiden vom Anbeginn her als Gesetz vorgeschrieben war. Die Masturbation endigt ohne Orgasmus. Der Suizidant wird des Suchens nach seinem Körper müde. Die Hände streicheln einander nicht mehr, der Zug, der einen Liebenden dem anderen entführt, ist schon abgefahren, grell ertönte ein Pfiff. Der Zurückbleibende ist allein: ein Ich.

Und dieses konstituiert sich unermüdlich bis zum letzten Augenblick, auch wenn es nicht mehr als intentionales Bewußtsein sich nach seinen eigenen Möglichkeiten hin überschreitet, es sieht ja eben solche Möglichkeiten nicht mehr und ist nur noch bei sich. Was aber heißt das? Doch wohl: daß es – schon halb aus der Welt, ihr schon feindselig, sein eigenes Projekt schon abmeldend – sich setzt und wieder setzt. Ich bin; ich werde nicht sein, aber ich bin. Bin was? Bin ich. Wer aber bin ich? Ich. (Und noch immer eine ganze Welt, die freilich zukunftslos und abgelebt ist, deren Schatten aber noch fliehend auftauchen: ein Kind im Park, blind und verwildert in des Haschens Hast, ein Kuß, dem Knaben in einem nächtlichen Park gewährt und gegeben; Ausfahrt aus dem Yellowstone-Park, im Rücken den „Roaring Mountain"; aber alles schon ausgewaschen, gebleicht von der Zeit, die es im Hui hinter sich brachte.) Wer bin ich? Der Leib, der auch schon entgleitet. Präziser noch: das Antlitz, das Leib ist und zugleich mehr als das. Es sucht, wenn einer Hand an sich legt, sich im Spiegel.

(Leute, die sich erschießen, werden häufig vor Spiegeln in ihrem Blute aufgefunden.) Findet sich als Antlitz: Augen, die nun zu Vieren angestrengt gegeneinander starren, ein Mund, verzerrt von Angst. Das Gesicht, das sich begegnet, hat noch nicht das Ich. Das Ich hat im Gesicht noch nicht sich selber. Etwas wie Grauen steigt auf, das von der im Suizidär aufgestauten Angst sich unterscheidet. Wenn nämlich einer sich sagt: Das bin also ich. Wieso bin ich das? Das Grauenerlebnis des Ich vor dem Spiegel ist nicht dem Suizidär vorbehalten. Es stellt auch im Alltag sich ein, kann übrigens kaum je durch willentliche Entscheidung herbeigerufen werden. Sobald es sich ereignet, hat es den Charakter des Absturzes. Das schauende, vom Spiegelbild gebannte Ich fällt von Klippe zu Klippe, eine jede ist wieder ein Ich, gibt aber keinen Halt, so daß der verzweifelte Sturz erst endigt, sobald der Mensch aufatmend, und doch auch wieder mit der Vermutung, nun sei er ärmer geworden, habe sich durch Ungeschick einer Kostbarkeit begeben, in den Werktag zurückkehrt. Dem Suizidär freilich bringt seine suizidale Verfassung – Weltekel, Klaustrophobie infolge der gegeneinander rückenden vier Wände, Schädelgehämmer an diese – solcherlei Spiegelfechterei jedenfalls und immer bedrängend nahe. Denn nun ist es ja so, daß das Ich, wo immer es sich verberge und was es sei, „Bündel von Empfindungen" oder immanente Erscheinungsform des transzendentalen Subjekts – am Ende seiner selbst steht. Es hat die Welt verneint und mit ihr sich selber: es muß sich abschaffen und verspürt sich halb schon als Gewesenes, Verwesendes. Da versucht es ein letztes Mal zu sich zu gelangen. Vier Augen starren, zwei Münder verziehen sich in grausamem Hohn oder großem Weh. Dem Ich, das in solchen Momenten nicht mehr Körper ist und kaum noch In-der-Welt-Sein, jedenfalls nicht mehr In-die-Welt-Schreiten, wird bange: es liebt sich momentweise sehr, hätschelt das, was es war, will nicht glauben, es habe seine Sache gar so schlecht gemacht, um auf so unrühmliche Weise zu verschwinden. Aber da verliert es sich schon, gibt sich auf, richtet sich rückwärts, lauter Phasen zu, die es überwunden hat, wendet sich an ein bleiches Schattensein, das nicht mehr ist. Alles Bewußtsein, heißt es, sei *Bewußtsein von etwas.* Verliert das Ich des Suizidärs sich an seine Erinnerungen, ist es Bewußtsein eben dieser. Reines Bewußtsein seiner selbst war es vordem, im Sturz; der hatte schon etwas von Masturbation und Tod.

Etwas von Tod, welche Harmlosigkeit! Denn jetzt steht der Tod ja selber als äußerste Irreversibilität vor dem Suizidär, dem Suizidanten – es ist das Endergebnis, exitus letalis oder Rettung, hier fast ohne Belang – jetzt ist der Tod als Selbsttötung die Frage, vor der als Abiturient des Seins und Nichtseins ein Mensch sich zu bewähren hat. Nichts soll abgeschrieben sein von dem, was ich über das Grauen oder Grausen der vergeblichen Ich-Suche soeben vorbrachte. Der Schrecken ist groß in jedem Falle, auch dann, wenn er nicht Teil ist der Vorbereitungen zum Suizid. Wird dieser aber ins Werk gesetzt, dann ist das Entsetzen vor der Leere, ist der horror vacui angesichts des Rätsels Ich wohl scheußlich präsent, wird aber eingeschlungen von der baren Todesangst, dem ganz außerpersönlichen, verzweifelten Widerstreben biologischer Natur. Wir sind allemal vor dem Suizid das ohren- und herzzerreißend quäkende Ferkel, das man zur Schlachtbank zerrt. Gurgelndes Wasser, in dem wir ertrinken. Der Griff mit der Linken, die Kehle zu spannen, während die Rechte das Rasiermesser ansetzt. Aufschmettern des Kopfes auf dem Asphalt. Würgen des Stricks um unseren Hals. Brennen und Detonation des Schusses an unserer Schläfe. Was aber wieder nicht heißt, es könnte nicht zugleich, wenn wir Hand an uns legen, wenn unser Ich sich im Selbstauslöschen verliert und sich – vielleicht zum erstenmal – total verwirklicht, ein nie zuvor gekanntes Glücksgefühl da sein. Denn jetzt hat es ein Ende mit dem Existieren, dem ex-sistere. Nicht länger müssen wir unser je und je versteinertes Sein, das Sartresche Être, nichten, indem wir aus uns treten und handelnd Welt werden. Der Ekel, bei Sartre Ekel vor dem Sein, das sich nicht zu „nichten" versteht, sich also nicht in Permanenz aufhebt, um ad infinitum aufzugehen in der Welt – dieser Ekel kann auch ganz gegenteilig verstanden werden, und zwar: als Widerwille vor der Anstrengung des ex-sistere. Einfacher ausgedrückt: wenn erst der Abiturient sich sagt, es geht jetzt ohnehin alles schief, aber mich wird es nicht mehr betreffen, ich pfeife auf die Schule und auf das Leben, für das man angeblich sich in ihr abplackt, dann zieht ein gewisser Friede in sein Gemüt ein. Ein Friede freilich, in dem die Angst steckt: biologische Angst, Angst vor dem äußersten Trennungsschmerz, Angst davor, niemals mehr Angst zu haben. Aber Friede nun wieder doch, die kontradiktorische Grundverfassung des Menschen, das ambivalente Sowohl-als-auch begleiten ihn bis ans Todeslager.

Man fragt und ich frage mich selber, ob über den Ekel vor dem Existieren hinaus es eine allgemeinere Hypothese geben könne, die Bereitschaft zum Freitod, der frei ist, ich wiederhole es auch noch unter den unerträglichsten Zwängen, zu erfassen.

Immer noch befinden wir uns hier außerhalb des Raumes der Psychologie, aber unvermeidlicherweise muß diese eindringen in die Beschreibung von Befindlichkeiten, die zwar phänomenaler, gleichwohl aber psychischer Natur sind, so wie die Phänomenologie meiner festen Überzeugung nach ihren Ursprung in den psychischen Verfassungen der Phänomenologen hat: Husserl, Sartre, Merleau-

Ponty waren introspektiv gerichtete Geister, und was sie zutage förderten, war die durch Reflexionskanäle geleitete und dort geläuterte Erkenntnis eigenpsychischer Verfassung. Es ist, da doch nun einmal die Psychologie, auch wenn wir ihr nicht den kleinen Finger reichen wollen, sich eindrängt in diese Untersuchung, nur selbstverständlich, daß wir beim Nachdenken über Freitod und Tod schlechthin auf *Freud* stoßen. Wir werden uns erst später im Verlaufe des Fortschreitens mit psychologischen Selbstmord-Theorien auseinandersetzen müssen. Hier, wo wir erst vor der Bereitschaft zum Freitod stehen, vor der Frage, wodurch Existenz-Ekel und Weltabwendung allenfalls erklärlich seien, haben wir es nur mit Freuds umstrittener Idee zu tun, auf die mit wenigen Ausnahmen seine Nachfahren sich nicht einließen: mit dem *Todestrieb.* „Was nun folgt, ist Spekulation, oft weitausholende Spekulation, die ein jeder nach seiner besonderen Einstellung würdigen oder vernachlässigen wird", heißt es in „Jenseits des Lustprinzips", dem Werke, das mit der Hypothese des Todestriebes seinerzeit etwelches Befremden im Lager der psychoanalytischen Orthodoxie ausgelöst hat. Wenn wir hier auch noch nichts mit Psychoanalyse zu tun haben, geht uns aber jetzt schon der Begriff der „Spekulation" sehr viel an, denn „Spekulation", „oft weitausholende", wie Freud bekennt, wird auch hier betrieben. Und wie denn auch anders? Die Alternative wäre ja nichts als bemühte Aufreihung und Klassifizierung von Daten und Fakten, eine neue „psychologische" Deutung, wie sie, ich sprach davon, zum Ereignis auf lächerliche Weise disproportional sein muß. So sei die Spekulation Freuds aufgenommen und weitergeführt: wir werden sehen, wo wir mit ihr anlangen.

Man weiß es weitum: der Todestrieb ist für Freud das, was den lebenserhaltenden Trieben zuwiderläuft, was auf Zerstörung, Selbst- und Fremdzerstörung, hinausläuft. „Unsere Auffassung", schreibt Freud in „Jenseits des Lustprinzips", „war von Anfang an eine dualistische, und sie ist es heute schärfer denn zuvor, seitdem wir die Gegensätze nicht mehr Ich- und Sexualtriebe, sondern Lebens- und Todestriebe benennen." – Muß ich sagen, daß mir dies wohl erklingt im Ohr, daß dieser Dualismus ganz dem entspricht – fürs erste jedenfalls – was ich die Urkontradiktion des Lebens genannt habe, daß mir denn der Todestrieb, von dem die neuere Psychoanalyse kaum noch hören will, brauchbar erscheint als Oberbegriff, dem meine Spekulation über den Ekel vor dem ex-sistere unterzuordnen wäre? Mir scheint, man habe des bei der Niederschrift von „Jenseits des Lustprinzips" 67jährigen Freud erspekulierte Hypothese vernachlässigt: schließlich *gibt* es den *Freitod*, der bündig Zeugnis abzulegen scheint für ihre Gültigkeit. Freilich, ich mache Vorbehalte, ich zweifle, versuche auch, auf eigene Hand zu ergänzen. So wird schon die Wortkoppelung Todes-Trieb mir zur schwierigen Frage. Ein Trieb treibt niemals ins Leere, im Gegenteil stößt uns in die tropisch wuchernde Fülle des Seins. Er ist grosso modo der Schopenhauersche „Wille", Lebenswille, Wille, das Ich auszudehnen in die Welt hinein. Wille ganz einfach, zu *sein*. Im Falle des Freitodes aber und des ihm voraufgehenden, ja vielleicht ihn bedingenden Ekels wird eben das Sein, nach dem der Trieb uns treibt, negiert. Man hat – es war der Freud-Schüler Edoardo Weiss – den Todestrieb des Meisters auch „Destrudo" genannt mit wohlgefunden latinisierend-abstrahierendem Terminus. Aber noch destruktiver Furor und Aggression sind deutlich Elemente des Lebens. Wir aber haben es mit dem Tode zu tun: und dieser fegt noch die letzten Trümmerreste nach dem Zerstörungsakt hinweg in seiner todbleichen Nichtigkeit. Ich stelle einen Begriff vor, der, wie ich glaube, dem Tatbestand gemäßer ist, widerspreche er möglicherweise einer jeden psychologischen Theorie: *Todesneigung*. Nehmen wir das Wort zunächst als Hieroglyphe. Neigung ist Hin-Neigung, Hinab-Neigung, da haben wir den Geotropismus, das Zeichen, das auf die Erde hindeutet, der wir gehören. Neigung ist auch Ab-Neigung, Abneigung dem Leben und dem Sein gegenüber. Es ist eine Haltung oder richtiger: ein Aufgeben der Haltung und in diesem Sinne etwas Passives. Die Todesneigung wird nicht so sehr ausgeformt als vielmehr erlitten, auch wenn das Erleiden Flucht ist vor dem Leid des Lebens. Sie ist konkav, nicht konvex. Aber hat denn nicht die empirische Grundlage, auf der solche Spekulation sich aufbaut, eben im Freitod ihren äußersten Bezugspunkt, einem in hohem Maße aktiven Begebnis? Ich schneide mir die Gurgel durch. Ich springe von der obersten Plattform des Eiffelturms auf den Makadam von Paris. Ich setze das kalte Revolverrohr an meine Schläfe. Ich horte Schlaftabletten, schreibe Abschiedsbriefe, starte meinen Wagen, um mit ihm an jene Stelle zu gelangen, an der ich durch eine winzige Abdrehung des Volants das Vehikel samt meiner Person in den felsigen Abgrund steuere. Ich knüpfe den Strick, stoße den Schemel mit dem Fuße weg, auf daß ich ins Leere zu hängen komme und so die Atemwege mir abwürge. Ich schraube gar, wie der Schmied, von dem Deshaies berichtet, mit der Rechten den Schraubstock zu, zwischen dessen Blöcken mein Schädel liegt, so daß ich noch das Krachen vernehme, ehe es aus ist. Sind all diese unerhörten, gewalttätigen Aktionen des Hand-an-sich-Legens nicht unumstößliche Beweise für den Begriff des *Triebs* und gegen meine sanfte Vorstellung von *Neigung*? Ich bin so wenig sicher wie einst wohl Freud es war, als er seine Spekulation zum Mißvergnügen seiner Anhänger öffentlich machte. Die Willensanstrengung zu leugnen, die der Freitod uns abfordert, wäre lächerlich. Nur weiß ich aus eigener Erfahrung und nach Kenntnisnahme einschlägiger Literatur, daß sie vielleicht, und trotz des bis zum letzten Moment über unser Bewußtsein hinaus noch wirkenden Lebenstriebes, geringer ist, als es der Unbetroffene, sich selber nicht Hinneigende vielleicht meint. Der Freitod ist ja viel mehr als der pure Akt der Selbstabschaffung. Es ist ein langer Prozeß des Sich-Hinneigens, der Annäherung an die Erde, ein Aufsummieren vieler Ziffern von Demütigungen, welche von der Dignität und Humanität des Suizidärs nicht angenommen werden, er ist – und ich verwende einmal mehr ein leider unübersetzbares französisches Wort – un cheminement, eine Art von Fortschreiten auf einem Wege, der geebnet ist, wer weiß, vom Anbeginn her. Irre ich mich nicht, dann ist die Todesneigung eine Erfahrung, die jedermann in sich machen könnte, sofern er nur entschlossen wäre, zu suchen ohn' Unterlaß. Sie ist in jeder Art von Resignation enthalten, in jeder Faulheit, jedem Sich-gehen-Lassen – denn wer sich gehen läßt, neigt sich bereits freiwillig dorthin, wo letzten Endes sein Platz ist. Dann wäre also der Freitod, entgegen all dem, was ich dreist behauptete, nicht *frei*? Wäre nur ein Neigen zur eingeborenen Neigung hin? Wäre nichts als die Aufsichnahme der ultimen Unfreiheit, die das Nichtsein ist, und in deren Fesseln wir uns schlagen lassen? Nicht doch. Die Neigung, sage ich, ist da: aber der Lebenstrieb ist auch da, und wer den Freitod wählt, erkürt etwas, das dem Lebenstrieb gegenüber das Schwächere ist. Er sagt gleichsam: Dem Starken Trutz! – indem er gegen den Lebenstrieb der Todesneigung nachgibt. Und wenn ich sagte, es sei der Weg zum Freitod geebnet vom Anbeginn her, so kann und will das doch nicht heißen, daß nicht auch der Suizidant dem Seins- und Lebenswillen unterläge, von ihm bedingt werde. Einer ißt noch zu Abend, ehe er die gehorteten

Tabletten nimmt. Er gibt der tumben biologischen Triebkraft, was sie fordert. Droben aber, im Hotelzimmer, wo auf seinem Tisch die Abschiedsbriefe liegen samt dem Geld für die Hotelrechnung und den aufgesammelten Barbituraten, neigt er sich hin und läßt sich nicht mehr treiben. Die Erde wird ihn haben, nur anders, als der Dichter es meinte. Der Gedanke, Staub zu sein, ist ebenso schreckhaft wie wohltuend. Ist diese Wohltat des Sterbens Ausdruck eines nach Freud aus dem allgemeinen Wiederholungszwang von Kindern und Neurotikern erschlossenen Verlangens, „zurückzukehren", zu folgen, wie es wörtlich heißt, „dem belebten Organischen innewohnenden Drang zur Wiederherstellung eines früheren Zustands"? Aber welch eines denn? Das Anorganische, aus dem wir dank eines „Zufallstreffers", wie Jacques Monod sagt, zu Organismen wurden – dieses Anorganische war kein „Zustand", den wir auf uns beziehen können. Die nichtbelebte Materie kennt und erfährt keinerlei Art von Zuständlichkeit. Unsere Todesneigung, soferne wir den spekulativen Begriff anwenden dürfen, ist also kein Zurück. Noch weniger ein Voraus. Sie geht nach der Unsituierbarkeit des nichtigen Nicht. – Womit wir wieder hart uns stoßen an den Grenzen der Sprache, die Ausdruck sind der Grenzen des Seins.

Und soviel Umstände werden gemacht, soviel Würde wird bemüht, soviel humaner Stolz geht ein in eine Handlung die in ihrer Unbeschreiblichkeit auch als sinnlos erscheinen muß! Das Prinzip Nihil ist leer, kein Zweifel, entgegen dem Prinzip Hoffnung, das alle Möglichkeiten des Lebens, des großen, intensiven, reflektierend erlebten, umfaßt. Aber es ist nicht nur leer, sondern auch mächtig, da es doch unser aller eigentliche Finalität ist. Diese Macht, Macht der Leere, der Unsäglichkeit, leere Mächtigkeit, die durch kein Zeichen zu signalisieren, durch keine Spekulation erreichbar ist, mag es schließlich sein, die wir hier versuchsweise, wohl wissend um die Unzulänglichkeit des Wortes, die „Todesneigung" nennen. Ich weiß, es ist einfacher, bloß von einem taedium vitae zu sprechen und dieses aufzulösen in je empirisch feststellbare, dem „Selbstmord", wie man sagt, voraufgehende Zustände. Konflikte, denen das Subjekt nicht glaubt, gewachsen zu sein. „Anomie", die nach Durkheim zum Suizid führenden Bedingungen, unter denen das Handeln des Individuums gegenüber der Gesellschaft regellos wird. Alle diese psychologischen Approximationen sind, oft widersprüchlich unter sich, manchmal empirisch wohlgesichert, stets revidierbar und der Revision bedürftig, so daß, wer eine Anzahl suizidologischer Schriften liest, am Ende außer ein paar statistischen Fakten, die aber häufig von anderen dementiert werden, vom Freitod weniger weiß als zuvor. Dennoch ist es gewiß nötig, immer wieder suizidologische Begriffe zu bilden und sie mit dem Total der Erfahrung zu konfrontieren: die Psychologie ist eine ernsthafte Wissenschaft, der wir beträchtliche Einsichten verdanken, wenn diese auch niemals definitiv und stets nur Sache der Gesellschaft, nicht des Subjekts sind. Wer also lieber vom taedium vitae spricht als von einer Todesneigung, dem kann man schwer entgegentreten. Man kann keine überzeugenden Argumente dafür finden, daß der Freitod eine Neigung sei nach einem Nirgendwo. Wer aber aus dem Raum und Hause des unmittelbar Gelebten spricht, wer die Todesneigung als eine donnée immédiate de la conscience verspürt, der wird entgegen der Wissenschaftlichkeit auf seinem Standpunkt beharren. Noch weiß ich ja, wie es war, als ich erwachte nach einem, wie man mir später berichtete, 30stündigen Koma. Ein Gefesselter, von Röhren durchbohrt, schmerzende Geräte, mir angetan zum Zwecke meiner künstlichen Ernährung, an beiden Handgelenken. Ausgeliefert, preisgegeben ein paar Krankenschwestern, die kamen und gingen, mich wuschen, mein Bett säuberten, mir Thermometer in den Mund einführten, und alles ganz sachlich, als wäre ich schon ein Ding, une chose. Die Erde hatte mich noch nicht: Die Welt hatte mich wieder, und ich hatte eine Welt, in die ich mich pro-jektieren sollte, um selber wieder ganz Welt zu sein. Eine tiefe Bitternis erfüllte mich gegen alle Gutmeinenden, die mir die Schmach angetan. Ich wurde aggressiv. Ich haßte. Und wußte, ich, der ich vordem intimen Umgang gehabt hatte mit dem Tod und dessen Sonderform, dem Freitod, besser als je zuvor, daß ich dem Tode zugeneigt war und daß die Rettung, deren der Arzt sich rühmte, zum Schlimmsten gehörte, das man mir je zugefügt – und das war nicht wenig. Genug. Ich werde durch ein privates Erlebnis so wenig zu überzeugen vermögen wie durch mein kreisendes Gespräch um den Tod. Übrigens will ich bezeugen eher denn überzeugen.

Dies in allgemeinerer eher als eigener Sache. In einem Leben, das sich schon auf ermüdende Weise lange hinzieht, hört und sieht man ja so vieles, da hat man schließlich die belegsamen case histories, teuer der wissenschaftlichen Psychologie, nicht nötig: jeder einzelne Fall, der einen aufschauen und angstvoll ins Dunkel horchen ließ, steht für zahlreiche andere. Da war Else G., 38jährig, gerade doppelt so alt wie der, welcher sie liebte und ganz ohne Mütterlichkeit wiedergeliebt wurde; den Leuten erschien das lächerlich bis abstoßend, den beiden so natürlich wie der Tod. Sie führte immer eine Menge Veronal-Tabletten mit sich, denn sie hatte sich einen Rezeptblock mit dem Namen eines nichtexistenten Arztes drucken lassen und stellte sich je nach Bedarf selber die Verordnungen aus. Mehrere Suizid-Versuche wurden ihr nachgesagt, es war ein ihre Person mysteriös umgebendes Gerücht. Die Leute hielten sie für exaltiert und glaubten ihren theatralischen Schlafversenkungen nicht. Meist war die Dosis in der Tat so ungenügend, daß selbst der Laie, der sie keineswegs mehr war, wissen mußte, sie habe zuwenig von dem Zeug verschluckt. Der Freitod war Teil ihrer Lebensführung, sie selber sprach öfters ironisch darüber. Ich traute ihren immer neu durchprobierten Versuchen keine Ernsthaftigkeit zu. Man verlor einander und kam sich ganz aus den Augen. Bis eines Tages die Kunde kam, es habe Else G. sich vergiftet: in einem Hotelzimmer in Amsterdam habe man sie tot aufgefunden. Amsterdam, zugig-neblige Wasser- und Totenstadt, zum Sterben als Kulisse wohlgewählt, besser als Venedig. – Einmal werde ich es tun, hatte die Frau stets gesagt, ungewissen Tonfalls mit schmalem, spöttischem Lächeln; nun hatte dies auf einmal den Hintergrund der Amsterdamschen Wirklichkeit. Suizidologen sagen, es sei ein schwerer Irrtum, nicht ernst zu nehmen, was ein Suizidär unernst hinsagt. Der Freitod sei ein hartnäckiger Lebensbegleiter – ein Kavalier in Schwarz mit dem bleichen Antlitz des Hauffschen „Mann im Monde". (Das sagen die Suizidiologen nicht mehr, es wäre nicht seriös.) Da ich selber aber so unseriös bin, wie Else G. es bis zu dem Moment war, wo sie die Dosis der Tabletten entgegen ihrer Gewohnheit ums Dreifache erhöhte, rede ich zügellos vom schwarzangetanen, totenbleichen Begleiter: er sei Sinnbild, sinnendes Bild, zum Sinnen verleitendes Bild der Todesneigung, von der ich als Hypothese nicht ablassen will, und belaufe sich immerhin die Ziffer der Voll-Suizidanten nur auf rund die schmächtige Eins zur majoritären Wucht der Zehntausend, die der Schnitter abmäht. Und nebenhin: die Ziffern sagen so gut wie nichts, denn erstens ist der nachmals „gerettete" Suizidär oft im Augenblick des Aktes todernster Suizidant, so daß also die Unterscheidung zwischen den beiden Begriffen, die ich selbst im Gefolge der Suizidologen auch zu treffen mich genötigt sah, eine recht willkürliche; und zweitens gibt es die also benannten „Grauzonen“, in denen sich die verschämten Suizidäre tummeln, die, eingeschüchtert von der Logik des Lebens und der lebenserhaltenden Gesellschaft, so tun, als wären sie's nicht gewesen.

Wer die Aura des arterhaltenden Selbstschutzes durchbricht und der Todesneigung nachgibt, sei es, daß der échec ihn brutal überwältigte und ihm gleichsam sagte: Du bist ein Nichts, so sei denn endlich *nicht*; sei es, daß er den ultimen échec jedweden Daseins erkannt hat und Hand an sich legen will, eigene, ehe Hand – Krebs-Hand, Infarkt-Hand, Diabetes-Hand etc. – an ihn gelegt wird. Wer also sich hingibt und abgibt, wird es auf je durch äußere Umstände bedingte Weise tun. Todesarten. Der Offizier, dem es an die Ehr' ging am Spielertisch oder bei einem blöden Wortwechsel, wird zur Schußwaffe greifen. Sie ist seine Sache, er kennt ihre Mechanismen, ihr Klicken ist ihm vertraut, wie der Leib einer Geliebten. Wer nahe der Nordseeküste wohnt, wird vielleicht, wie einst Ludwig II. von Bayern, aufrecht in die Wasser schreiten, er weiß, daß zur Flut-Zeit seine Schwimmkunst ohnehin nicht aufkommen kann gegen die Gewalt des sich bäumenden Meereskörpers. Arzt und Apotheker werden Gift nehmen. Wer im 16. Stock eines Hochhauses wohnt, muß in Versuchung kommen: die Absturztiefe, die er vordem kaum wahrnahm, denn sein Blick war weit hinausgegangen ins Land, wird nun als Magnet seines Beugens und Neigens und Hinabneigens zu seinem sinnlosen Eigen. Sogar die schreckliche Todesart des Schmieds mit seinem Schädel zwischen pressenden Eisenblöcken wird jetzt verständlich: er hat immer an diesem Werkzeug gearbeitet, so sei es Zeug des letzten Werkes. Entscheidend ist für sie alle, die Sich-Erhängenden, -Erschießenden, Giftschlucken-

den, Abspringenden, Wasserschreitenden, Pulsadern-sich-Öffnenden, die *Todesneigung*, die logisch dem empörten Lebensekel wie dem nachgebenden taedium vitae untergeordnet ist.
Bleiben jene, welche überhaupt nicht verzeichnet sind, ja nicht einmal hypothetisch in den Grauzonen angesiedelt werden dürfen: sie lassen sich sterben, ohne Widerspruch, wie einst die wankenden „Muselmänner" der KZ's, die viel zu schwach waren, als daß sie noch an den elektrisch geladenen Draht zu laufen die Kraft gehabt hätten, oder sie leben so, daß sie ihr Zum-Tode-Sein akzelerieren. Bei diesem Arbeitstempo müssen Sie zugrunde gehen, sagt der Arzt, ich warne Sie, es ist Zeit, auszuspannen. Davon aber ist keine Rede, im Gegenteil, die Zügel, die das Leben des Mannes abwürgen, werden noch strenger angezogen. Und was dachte Sartre, als er während der Niederschrift der „Kritik der dialektischen Vernunft" bis zu 25 Corydran-Tabletten am Tage nahm? O nein, nicht an den Tod, es wäre ja der Widerspruch zu seiner Lehre gewesen. Er dachte an sein Werk, mit dem er hinausschritt in die Welt, Welt einsammelte, Welt schuf. Aber vielleicht *dachte es in ihm an den Tod,* vielleicht neigte er sich, während er auszuschreiten meinte. Wer weiß. Wer weiß von den vielen, die entgegen ärztlichem Rat, ja wieder jedwede einfache Lebensvernunft so leben, daß sie die Stunden raffen, um schneller dahingerafft zu werden? Der Kaufmann, der die Nächte verkürzt und tags die Erregungen, die er zu vermeiden hätte, geradezu sucht, arbeitet sich zu Tode, „für sein Geschäft", „für seine Familie", wie es heißt. Der Schriftsteller, der sein Denkwerkzeug, den Kopf, zerstört, indem er zur Arbeit mit Alkohol und stimuliernden Tabletten sich peitscht, sein Herz kettenrauchend vernichtet, vollzieht das lebenslogisch Widersinnige „für sein Werk" – ein paar Kollegen sagen nach seinem Tode achtungsvoll,

er sei auf dem Felde der Schriftsteller-Ehre gestorben, „für sein Werk". Unmöglich, es ist klar, sie alle unter die Suizidanten zu zählen. Nicht einmal als Suizidäre möchte ich sie bezeichnen. Nur glaube ich, daß es nicht seine volle Richtigkeit hat mit der Aufopferung „fürs Werk", „für die Familie", so wie es vielleicht nicht stimmig ist, wenn wir die Märtyrer („der Freiheit", „des Glaubens", „des Vaterlandes", „der guten Sache") so einfach hinnehmen, wie die Geschichte sie uns darreicht. Eher votiere ich dafür, daß wir auch in obskuren Fällen die Hypothese der Todesneigung heranziehen, der sie nachgaben, während sie für die Welt Helden waren oder auch die berühmten „an beiden Enden brennenden Kerzen". Ein Beispiel fällt mir ein, bei dessen Nennung ich Widerspruch erregen, gar den Vorwurf der Blasphemie mir werde gefallen lassen müssen: Christi Kreuzestod. Wenn wir den Rabbi Jeschua als historische Figur anerkennen wollen, was bestreitbar ist, aber keineswegs absurd, und wenn wir, des weiteren, in diesem streitbaren Propheten der Liebe *nicht* den Sohn Gottes und Erlöser sehen, dann werden wir sein schreckliches Sterben als einen „suicide en puissance" vielleicht erkennen, werden jedenfalls sagen: er habe der Todesneigung nachgegeben, so wie ja sein Haupt, am Kreuze der Erde zugeneigt, uns von jedem Abbild ergreifend anspricht; uns wird zumute, als habe der Crucifixus vordem nicht nur aufgeschrien, nach seinem Gotte, von dem er nicht verstand, daß er ihn verließ, sondern auch den Menschen gedeutet: Laßt gut sein, schlecht sein, geht dahin, es ist alles einerlei.

Eines allerdings unterscheidet mit der Schärfe des Rasiermessers die schweigenden Quasi-Suizidäre, die sich „zu Tode rackern", wie auch die Helden und Märtyrer vom echten Suizidär und dem Suizidanten: sie kennen alle den Moment *vor dem Ansprung* nicht in seiner vollen

Dichtigkeit, und die Freiwilligkeit ihres Todes ist stets nur eine halbe. Der kettenrauchende Schriftsteller ist nicht sicher, daß tatsächlich in kürzester Frist der Tod ihn antreten wird – und außerdem ist die Kürze dieser Frist, selbst bei Annahme, daß man sie zeitlich erfasse („Es kann nicht länger dauern als noch ein Jahr, sechs, drei Monate"), nicht im voraus erlebbar. Der Held muß nicht unbedingt von der feindlichen Kugel getroffen werden, wenn er im Angriff auf einen Panzer offensichtlich dem Tod in die Arme läuft. Der Märtyrer kann aufgespart werden – und selbst dem Rabbi Jeschua hätte grundsätzlich noch im letzten Moment und trotz der heulenden Menge, die Barrabas freihaben wollte, nicht aber ihn, die Gnade der Welt zuteil werden mögen.

Der Suizidant aber stirbt aus eigenem Entschluß. Gnade könnte er nur selbst sich gewähren, und sobald er sie abweist, ist keine Instanz mehr da, die ihn unfrei sprechen kann: zum Leben hin. Nun gibt es, wie vielfältige Lebenserfahrungen und Suizidologie uns lehren, sehr wohl den „Ordal-Selbstmord", jenen Freitod also, in dem gleichsam ein Gottesurteil angerufen wird: der Suizidär wählt eine Todesart – vorzüglich Einnahme von Schlaftabletten –, bei welcher ihm ein Türspalt offensteht, so daß die anderen dann die Tür aufreißen können, ihn zurückholen ins Leben. Else G. nahm häufig Veronal-Tabletten zu sich, deren Menge so dosiert war, daß die Wahrscheinlichkeit des exitus mit Variablen quantitativ bestimmbar war. Sie gönnte dem Leben bis zu 70 Prozent Chance, ihr Akt war ein Spiel mit dem Geschick, bis zum Augenblick, wo sie beschloß, die Sache definitiv abzumachen. Mir scheint nur, daß selbst der Ordal-Suizid, sofern es sich nicht um eine deutlich erkennbare theatralische Inszenierung zu Erpressungszwecken handelt, so daß also der Begriff des Suizids, beziehungsweise des Suizid-Versuches, überhaupt jegliche Berechtigung verliert und zurückgenommen werden muß, in seiner Freiwilligkeit und Dignität sich abhebt vom schweigenden Suizid, dem Sich-dahin-gehen-Lassen, sowie auch vom Märtyrertod, einschließlich des Sterbens des Propheten auf Golgatha. Wer Hand an sich legt, ist grundsätzlich ein anderer als der, welcher sich dem Willen der anderen preisgibt: mit diesem geschieht etwas, jener handelt von sich aus. Er ist es, der die Frist setzt, er kann nicht auf rettende Schickungen vertrauen. Nach den letzten Selbstgesprächen, die vielleicht vor dem Spiegel stattfinden, wo er seinem schon abgeurteilten Ich nachjagt, ohne es einzufangen, nur um es noch zu erlegen, kommt unerbittlich der Augenblick, der frei gewählte, an dem er Hand an sich legt. Etwas noch Unheimlicheres als die Hatz nach dem Ich tritt hier in vielerlei Gestalt an ihn: *die Zeit.* Um neun Uhr abends soll es geschehen – (die meisten Suizide ereignen sich nach der Statistik in den Abend- und frühen Nachtstunden). Um neun Uhr, jetzt ist es sieben, zweimal sechzig Minuten zu je sechzig Sekunden also, der Sekundenzeiger trottet unermüdlich, schon ist eine Minute vergangen, zwei, drei, fünf, fünfzehn gingen dahin, man kann die Uhr zerschlagen, nicht aber das leise Ticken der reinen Zeit abstellen. Und in der Zeit, die noch verbleibt – es kann sich um Stunden handeln, aber auch nur um Minuten, die einer sich noch gönnt – wird die Zeit als solche verspürt. Man trägt sie in sich, es ist ja nur bedingt wahr, was Freud sagt, es kenne das Unbewußte keine Zeit, reihe Ereignisse auf ohne chronologische Ordnung, mische sie, kehre sie um. Das Zeitvergehen ist immer präsent: im Bewußtsein ohnedies, in einem metaphorischen Innenraum, der tiefer gelagert ist als alles Unbewußte, tickt sie gleichfalls. Denn wenn es wahr ist, daß das Ich Welt ist und Raum, in die es sich wirft und entwirft, so ist nicht weniger wahr, daß es auch Zeit ist: diese ist unablöslicher verklammert mit dem Subjekt als der Raum, in den es schreitet, um zugleich Ich und Welt zu werden. Es ist der Körper, der sie verspürt. Sie war, diese Körper-Zeit, stets zugleich relativ und absolut irreversibel. Relativ: der Herzschlag wiederholte sich unermüdlich, ein Atemzug folgte auf den anderen, Schlaf und Erwachen lösten einander ab, immer wieder – da konnte man meinen, es würde in alle Ewigkeit so weitergehen. Durch Jahre hindurch ging jemand sommers an den gleichen Kurort, ein Juli glich dem anderen, ein September sah aus wie derselbe Monat im Vorjahr, das Hotelzimmer, vorsorglich gebucht zur rechten Zeit, war das nämliche. Die *relativ* irreversible Zeit stellte sich hin, als sei sie keine, als sei sie umkehrbar: 1966 besuchte ich den gleichen Ort an der Nordseeküste wie 1972, die Daten besagen nichts. Und 1978, wenn ich über die gleiche Autobahn nach dem gleichen Ort fahre, wird gewesen sein wie 1966. Ich wiederhole, es weiß der Körper es besser. Er verzeichnet, ein böse verläßlicher Registrierapparat, nicht nur die Jahre, die Monate und Tage, sondern jeden Herzschlag, keiner ist identisch mit dem voraufgegangenen. Das Herz nützt mit jedem Pumpenzug sich ab, die Adern, Nieren, Augen verbrauchen sich. In Momenten jähen, unerwarteten Gewahrwerdens der Hinfälligkeit, wie jedermann sie erlebt, weiß der Mensch, daß er ein Geschöpf der Zeit ist – da braucht er gar nichts zu kennen von der Entropie. Irgendwann einmal wird die relativ irreversible Zeit, die wir aus dem Alltag kennen – ach, morgen muß ich wieder das gleiche tun, dieselben Wege gehen, die bekannten Gesichter sehen, und noch übers Jahr wird es so sein – vom Sterbenden als absolut unumkehrbar erfahren. Zeit: Anschauungsform des tiefinneren Sinnes! Aber nun ist das Tiefinnerliche heraufgetaucht, an die Höhe meines Ich. Noch eineinhalb Stunden, eine kleine Ewigkeit. Ein Nichts. Es reden jetzt der

Leib und der Geist zugleich, ihr Stimmenrauschen ist hörbar im Raume. Der Körper weiß, er wird in 90 Minuten, Zeit, in der ein Spielfilm normalerweise abrollt, nicht mehr er selber sein. Er wird aufschmettern auf dem Asphalt, wird ausbluten, sein Respirationszentrum wird jählings gelähmt sein oder er wird in einen unruhigen Schlaf fallen, der ihn verwandelt für immerdar. Der Leib begehrt auf, schon jetzt, und wird noch wilder revoltieren, sobald sein Sein ihm entzogen wird. Der Geist – man lasse mir die vereinfachenden Allerweltsbegriffe hingehen, sie drängen sich auf, sobald das Denken an seine Grenzen gerät – der Geist befiehlt. Und bäumt sich seinerseits auf dagegen, daß er aus der Zeit genommen wird und damit alle Zeit, die in ihm aufgeschichtet ist, verschwindet. Er erinnert so viel, es hat alles zeitlichen Charakter, da doch der Raum, der nicht nur des Körpers Sache, sondern auch seine, des Geistes war, verriegelt werden soll. Es ist der Freitod, der ihm ein Ende setzt, da gibt es kein Entrinnen und keine Hoffnung, denn im Namen der Dignität und als Antwort auf den échec gebietet die geistige Instanz sich selbst ihr Erlöschen. Die absolute Zeit, absolut, da Körper und Geist nun wissen, es würden keine trügerischen Wiederholungen mehr veranstaltet, komprimiert sich auf zwei Ebenen. Das zeitverhaftete Erinnern, Erinnern vergangener Zeiten in gegenwärtiger, rafft seine Fülle immer enger, bis es nur noch ein winziger, sehr schwerer Kern wird, Kern des Ich. So viel geschah ja, und auch im äußerlich banalsten Leben. Ein Schluck Bier, das Brennen der ausgetrockneten Kehle zu löschen nach einer Bergtour. Bei feuchtem Wetter startete der Wagen so schlecht, welcher war es? Der kleine, rote, Modell Anglia, Baujahr 1967. Und nun der dringende Wunsch, zurückzuspringen nach eben diesem Jahr. Es sind gerade die kleinen Ereignisse, die, ganz wie im Traum, ein unbegreifliches

Gewicht und zeitliche Ordnung annehmen, jetzt, wo der Prozeß der temporalen Kompression als Last, Geisteslast, Körperlast von Sekunde zu Sekunde unerträglicher wird. Le temps vécu: noch ist sie da, die gelebte Zeit, wenn auch involviert zur Winzigkeit. Wird aber nicht mehr dasein, denn ihre Irreversibilität wird aktualisiert und konkretisiert, da doch nicht der Tod den Suizidär erjagt, vielmehr von diesem an die Brust gerissen wird, so daß alle Türen verschlossen sind, durch die das Helfende eintreten könnte: wo aber *diese* Gefahr ist, schrumpft das Rettende ein. Hölderlin. Wann gelesen? Frühe in der Zeit, das präzise Datum wird unwesentlich, das Gefühl, es sei *frühe* gewesen, sagt genug. Le temps vécu, par Eugène Minkowski. Wann gelesen? Spät. So um 1967. Und das Spät spricht deutlicher, als jegliche Zeitangabe es zu tun vermöchte. So spät ist es, so späte, was werden wird, ich weiß es wohl. Noch eine Stunde? Keine Ewigkeit mehr. Man könnte alles absagen, die schon vorbereiteten Abschiedsbriefe und Anordnungen für die Feuerbestattung vernichten, vor dem Hotel den Wagen starten und es wieder aufnehmen mit dem Raume Welt, sich hinauswerfen. Um neuen échec zu erleiden und noch und noch wieder einen anderen. Nein: hier wird die hochprivate Entropie vollzogen und ins Wahnwitzige beschleunigt. Noch eine Dreiviertelstunde. Die Zeit tickt auf zweierlei Ebenen in zweierlei Klang. Sie ist nun völlig absolut, und aus ihrer Absolutheit wird sie gerissen und zur Nichtzeit gemacht.

Für Heidegger ist die Zeit Sorge, beziehungsweise es enthält das zeitliche „Zu" den Sorge-Charakter des Daseins, Besorgen, Fürsorgen. Wer Hand an sich legt, hat denn, so müßte es wohl sein, „keine Sorge mehr" und damit auch keine Zeit. Demgegenüber aber erfährt er, daß ihm, gerade weil er „keine Zeit hat" – deren Grenzen sind ja schon gesetzt durch den Willen, ein Ende zu machen –

mehr Zeit eignet als je. Mit jedem Vorrücken des Sekundenzeigers wird die Zeit dichter und gewichtiger. Er hat mehr und mehr Zeit, je weniger Zeit ihm das eigene Gebot noch läßt – und hat damit mehr und mehr Ich, dieses aber als ein immer unauflöslicheres Rätsel, denn, blind und verwildert in des Haschens Hast, weiß er, je enger er es an sich zu pressen sucht, desto weniger damit zu beginnen. Die Zeit lagert im Ich, füllt es aus mit Angst vor des Uhrzeigers Traben, lastet im Körper, der sich ihrer erwehren will, der unbedingt zu *sein* verlangt, was ihm aber verwehrt wird von eben jenem Geist, der selber dauern möchte und es sich verbot. Vielleicht ist auch das Keine-Sorge-Haben nur Illusion. Noch zwanzig Minuten. Die Welt ist schließlich auch noch immer da, dürfe sie auch nicht mehr sein. Die Angst ist groß. Schmettern und Krachen. Flutensturz über den Kopf, dessen Mund entgegen des Geistes Gebot vielleicht nach Hilfe schreien wird. Wirkung der Schlaftabletten. Taumeln vom Tisch, auf dem das Besorgte säuberlich angeordnet liegt, zum Bette hin. Man könnte hinfallen, dabei den Telephonhörer vom Apparat reißen, man verfängt sich so leicht in der Schnur. Und der Nachtportier würde nach dem Rechten sehen. Sirenen, eine Ambulanz, man muß *vorsorglich* all dem wehren. Neuere Forschungen auf dem Gebiete der theoretischen Physik haben über das objektive Raum-Zeit-Kontinuum hinaus, sogar jenseits der Thermodynamik einen Zeitbegriff definiert, nach welchem die Zeit einmal *begann* – ein Ding, das keiner voll aussinnt. Und viel zu fremd, als daß man klage und sage. Wer Hand an sich legt, ist auf mörderische Weise – „Selbstmord", gut, es komme das widrige Wort für einmal hier zu stehen – Herr sowohl wie Knecht der Zeit, seiner, der einzigen, von der er noch wissen will, denn jetzt befindet er sich schon im Zustand totaler Ipseität. Was schert mich Weib, was schert mich Kind; was scheren mich Physik und objektive Erkenntnis, was schert mich das Geschick einer Welt, die mit mir versinken wird. Die Zeit drängt und preßt sich zusammen in einem Ich, das sich nicht hat. Die Welt als Zeitlichkeit stößt die Welt des Raumes aus der Grube, in der das Ich verborgen ist. Der Hand an sich legt, hat keine Chance mehr, noch anderes zu ergreifen als gestorbene Zeit, anderswo hinzugelangen als zum Trümmerfeld der Eigengeschichtlichkeit, die desto gegenstandsloser ist, je mehr Gegenstände, Ruinen von Gegenständen, sich aufhäufen. Diese bilden keinen Widerstand mehr für das Subjekt; es ist nicht mehr gedrängt, sie zu bewältigen. – Und wie viele Minuten noch?

Aber die Würfel sind ja noch nicht gefallen. Vielleicht noch zehn Minuten, die man sich zumißt. Noch ließen sie sich ausdehnen in eine täuschende Ewigkeit hinein. Die süße Lockung des Lebens und seiner Logik umbrandet den schon zum Freitod Entschlossenen bis zur allerletzten Sekunde. Die nekrophile Zärtlichkeit zum Todeskörper läßt leicht sich konvertieren in den erlösenden Entschluß, das Unternehmen abzusagen, so daß Weltzärtlichkeit werde, wo Ekel war und Todesneigung. Noch könnte die absolute Irreversibilität der Zeit relativiert werden: heute wie gestern und vorgestern, morgen wie übermorgen, das Herz würde schlagen, ein Schlag wäre dem anderen trügerisch gleich, ein Erwachen erschiene wie so viele vergangene und ewig künftige. Trick eines Prestidigitateurs, dessen stupende Handfertigkeit vor unseren blöde starrenden Augen das Unmögliche zu vollbringen scheint.

Mais déjà le couperet va tomber, d'un instant à l'autre, der Henker feiert nicht. Es geht jetzt nur noch um das, was wir Dignität nennen: der Suizidär ist entschlossen, Suizidant zu sein, und nicht höchst lächerlicherweise sich noch einmal anheimzugeben dem entfremdenden Alltag oder der Weisheit der Psychologen oder der Angehörigen, die zwar erleichtert aufatmen, ein verzeihendes Lächeln kaum werden unterdrücken können. Und so geschehe und geschieht es, auf welche Weise auch immer. Die Dignität setzt die Leuchtbojen. Versagen wäre die unverzeihlichste und unverlierbarste Schmach, ein weiterer échec, der eine Reihe noch anderer einleiten müßte. Der Sekundenzeiger trottet unermüdlich der Minute der Wahrheit zu. Der Akt wird ins Werk gesetzt. Es wird kein anderer außerhalb des in sich eingeschlossenen, seinen Kern vielleicht zum Ende findenden Ich ihn zu ermessen vermögen. Weltliche Objektivität wird zu sezieren versuchen: es wird nur totes Gewebe sein, das geübte Hände und Hirne so emsig wie müßig zerfasern.

IV. SICH SELBST GEHÖREN

Nur schlecht begreift, wer immer da den Gedanken des Freitods, und sei es auch nur stundenweise, sei es sogar kokett-spielerisch, zu fassen sich anschickt, die zudringliche Besorgtheit der Gesellschaft um sein Endgeschick. Sie hat, diese Gesellschaft, sich wenig gekümmert um sein Dasein und Sosein. Krieg wird angezettelt: man wird ihn einziehen und ihm aufgeben, daß er sich wohlbewähre inmitten von Blut und Eisen. Sie hat ihm die Arbeit genommen, nachdem sie ihn zu ihr erzog: jetzt ist er arbeitslos, man fertigt ihn ab mit Almosen, die er verbraucht und sich mit ihnen. Er fällt in Krankheit: nur leider, es sind zu wenig Spitalsbetten verfügbar, die kostbaren Linderungen sind rar, ihrer aller kostbarste, das Einzelzimmer, wird ihm nicht zugänglich gemacht. Erst jetzt, wo er der Todesneigung nachzugeben wünscht, wo er dem Ekel vor dem Sein nichts mehr entgegenzustellen gewillt ist, wo Dignität und Humanität ihm gebieten, die Sache sauber abzutun und zu vollbringen, was er ohnehin eines Tages wird müssen: zu verschwinden – nur jetzt gebärdet die Sozietät sich, als sei er ihr teuerstes Stück, umstellt ihn mit scheußlichen Apparaturen und führt ihm den höchst abstoßenden Berufsehrgeiz der Ärzte vor, die dann seine „Rettung" auf ihr professionelles Habenkonto schreiben, gleich Jägern, wenn sie die Strecke des abgeschlachteten Wildes abschreiten. Sie haben ihn, so meinen sie, dem

Tode abgejagt und gebärden sich wie Sportler, denen eine außerordentliche Leistung gelang.

Es geht dies wohl nicht mit rechten Dingen zu, ich meine, einerseits die kalte Gleichgültigkeit, welche die Gesellschaft dem Menschen zeigt, und die erhitzte Sorge um ihn, wenn er aus dem Verbande der Lebenden freiwillig auszutreten im Begriffe steht. Ist er ihr Eigentum? Ich habe da und dort den Anspruch, den die Gesellschaft an den zum Tod Bereiten stellt, schon andeutungsweise abgewiesen. Hier sei noch einmal die Frage gestellt und sei beantwortet: *Wem gehört der Mensch?*

Wer hier als erster zur Dreinrede sich gehalten fühlt, ist der gläubige Christ. Er weiß es genau: der Mensch gehört dem Herrn, dem er sein Leben verdankt und dessen Vorrecht es ist, ihm dieses zu nehmen, wann es ihm paßt. Ich habe nichts vorzubringen, wenn einer selbst und für sich entscheidet, er gehorche und gehöre (die Wörter haben engen etymologischen Bezug!) seinem Gott. Der jüdischblütige, christgläubige Philosoph Paul Ludwig Landsberg, als Emigrant in Frankreich verfolgt von den deutschen Besatzern und den französischen Collaborateuren, führte Gift mit sich, um vermittels des Freitods den Vollstrekkern des Zwangstodes zu entgehen. „Sicher ist", so berichtet der Philosoph Arnold Metzger, der nachgelassene Schriften des Scheler- und Husserl-Schülers Landsberg herausgab, „daß er im Sommer 1942 das Gift vernichtete. Als er verhaftet wurde, war er bereit, nicht mehr selbst über sein Leben zu verfügen. Er lebte, was er dachte" — und er ging als Geschöpf und Knecht seines Gottes in jenen Tod, den andere Gotteskinder, die braunen Henker, ihm in Oranienburg bereiteten, auf welche Weise, will ich gar nicht wissen. Dem Manne gebührt und gehört meine allerhöchste Achtung, wiewohl ich lieber von solchen höre, die mindestens einen der Büttel niederstreckten, die da kamen, sie zu holen. Gleichviel: die hohe Achtung vor dem Gottesmann sei ausgesprochen und bekräftigt. Sie endigt aber dort in meinen Augen, wo der Philosoph es nicht nur mit sich selber und seinem Geschick zu tun hatte, sondern als Mitverkünder des Gotteswortes sich vernehmen ließ und an andere im Namen seines Herrn Forderungen erhob. Denn er schrieb in einem bemerkenswert tiefsinnigen Aufsatz über „Das moralische Problem des Selbstmords" diese Worte: „Wir haben wohl das Recht, wenn wir sterben möchten, Gott darum zu bitten, uns sterben zu lassen; jedoch stets mit dem Zusatz: dein Wille geschehe, nicht der meine. Doch dieser Gott ist nicht unser Herr als Herr eines Sklaven: er ist unser Vater. Er ist der christliche Gott, der uns unendlich und mit unendlicher Weisheit liebt. Wenn er uns leiden läßt, so zu unserem Heil, zu unserer Reinigung."

Ich protestiere leidenschaftlich und mit allem mir zu Gebote stehenden Nachdruck. Wenn dieser Unglückliche, den ich zitiere, von den ihm offenen Möglichkeiten der Selbstabschaffung keinen Gebrauch machte und sich dem Tode stellte, den die Schergen ihm bereiteten – einem Märtyrertode? mag sein; einem Opfertode, dem er die humane Dignität des Freitods nicht vorzog, würde ich eher meinen! – so war dies ganz und gar seine Sache. Seine Worte vom christlichen Gotte, der uns „mit unendlicher Weisheit liebt", indem er uns dem zertretenden Stiefel oder dem Feuerofen ausliefert, sind in meinen Augen die wahrhaft blasphemischen. Er hat sich selbst gehören und als ein Sich-Gehörender seinem Gotte sich zum Schlachtopfer darbringen dürfen: Es grenzt an Unmenschlichkeit, wenn er diesen seinen persönlichen und nur für ihn gültigen Entschluß der Preisgabe an etwas, das für andere ein Phantasma ist, zum Imperativ erigiert. Wer sich selbst gehören will in der Unterwerfung an einen Gott, den er imaginiert, dem muß dies freigestellt werden – am Ende ist ja auch die Selbsthingabe an die Idee des Humanen vielleicht auch nichts anderes als Illusion. Niemand aber hat das Recht, dem anderen vorzuschreiben, auf welche Weise und im Hinblick auf was er seinen Eigenbesitz lebend und sterbend realisiert. Zu sagen ist alsogleich, daß der Anspruch der Religion an den Menschen, sobald wir den Bezug zum Freitod herstellen, von der gleichen Beschaffenheit ist wie die Forderung der Gesellschaft: Weder diese noch jene lassen ihm die Freiheit der Entscheidung darüber, wie er seinen Eigenbesitz handhabt. Beide verlangen von ihm – und man denke hier nur an Kant, der in der Konsequenz seiner kategorischen Pflichtvorstellung den Freitod ebenso verwirft wie irgendein kleiner Dorfpfarrer oder ein großer Theologe – daß er sich der Entscheidungsfreiheit begebe: nicht freiwillig, sondern der Gottes- oder Menschenpflicht gehorchend. Der religiöse Zugriff auf den Menschen ist nichts anderes als der Ausdruck des gesellschaftlichen, und wenn früher die Kirchen dem Suizidanten das christliche Begräbnis verweigerten, handelten sie nicht anders als primitive Stämme, für die der Kadaver eines Suizidanten etwas Unreines hat, das man schleunigst aus dem Wege der Lebenden zu schaffen hatte, böse Geister zu bannen. Aber selbst jene gesellschaftlichen Verbände, die den Suizid tolerieren, unter Umständen sogar zur Pflicht machen, wie der engere Sozialverband der japanischen Kriegerkaste, verstehen ihn als soziales Phänomen und interpretieren ihn im Sinne der Arterhaltung, bzw. des Bestandes der je in Frage kommenden gesellschaftlichen Organisation. So weit ich blicke, ich sehe nirgendwo – mit den quantitativ geringfügigen Ausnahmen philosophischer Schulen oder philosophierender Individuen (Epikur, Seneca, Diderot) – daß der Freitod anerkannt würde als das, was er ist: ein

freier Tod eben und eine hochindividuelle Sache, die zwar niemals ohne gesellschaftliche Bezüge vollzogen wird, mit der aber letztlich der *Mensch mit sich allein ist, vor der die Sozietät zu schweigen hat.*
Wir sind über das, wie mir scheint, inhumane geistige Entwicklungsstadium, das den Suizid mit dem Bannfluch belegte, noch immer nicht hinausgelangt. Nur daß, wo einst religiöse Gebote und Verbote so verbindlich waren, daß der Freitod als Verbrechen angesehen war oder wo die Gesellschaftsordnung unverschämt (und doch ehrlich) genug war, einzugestehen, es gehe ihr nur um das *Material* Mensch, um die Arbeitskraft Mensch, so daß also Suizidäre des Sklavenstandes durch schreckliche Strafandrohungen von der Durchführung ihres Vorhabens abgeschreckt wurden, heute Soziologie, Psychiatrie und Psychologie, bestallte Träger der öffentlichen Ordnung, den Freitod behandeln, wie man eine Krankheit behandelt. In dieser gesellschaftsverbundenen Einstellung sind sich alle suizidologischen Theorien grundsätzlich einig. Der, den sie den potentiellen „Selbstmörder" nennen, muß gehindert werden, sich im Freitod zu konstituieren. Das Leben ist der Güter einziges: es muß bewahrt werden, und gleichgültig ist es nun, ob man es erhalten soll, weil Gott es gegeben hat, oder weil man ihm selbst, diesem Leben, als einem gesellschaftlichen Phänomen einen quasi metaphysischen Wert zumißt, der in Wahrheit ein biologischer ist und als solcher sich täglich und allerorten ebenso erhärtet (es werden Menschen geboren) wie dementiert (sie sterben dahin).
Während ich diese Zeilen zu Papier bringe, sind so rund dreißig Ärzte am Werk, den zu einem röchelnden Skelett gewordenen spanischen Diktator Francisco Franco medizinisch auf teufliche Weise zu malträtieren, auf daß ein Leben, das nun schon seit Wochen keines mehr ist, noch

um ein paar Stunden oder Tage verlängern werde. Ich habe und hatte stets den größten Widerwillen gegen diesen grausamen, ja blutdürstigen Mann. In diesem Augenblick aber ist es mir unerträglich, zu erfahren, wie die von ihrer Technik berauschten Ärzte sich herabwürdigen. Ich möchte ihnen zurufen: Haltet ein! Wollt ihr so unmenschlich sein, wie das Opfer eurer alptraumerweckenden Fleischerkunst und verderbten Feinmechanik es war? Man soll nicht Inkommensurables vergleichen wollen. Die bemühten Theoretiker und Praktiker von Suizidologie und Suizidprophylaxe haben nichts zu tun mit dem emsigen Einpflanzen von Schrittmachern, den spritzen- und röhrenbewaffneten Kadaveringenieuren an Francos Bett. Es war aber wohl kein Zufall, daß mitten im Abhandeln der Freitodproblematik die Gedankenverbindung sich herstellte. Denn, man mag es ansehen wie immer, mag den humanen Impuls der betroffenen Forscher und Praktiker anerkennen, es liegt doch seitens der Gesellschaft etwas Gewaltsames und Feindseliges nicht nur etwa in der Reanimation des Suizidärs, sondern schon in der prinzipiellen Ausstoßung seines Aktes, vollzogenen oder verhinderten, aus dem in Geltung stehenden Wertgefüge. Die uralte Vorstellung der *Sünde* geistert noch immer durch die Forschung. Der eine redet von der „Fehlentwicklung", die zum Suizid, bzw. Suizidversuch führe, wie der Wiener Suizidologe Erwin Ringel, ohne zu bedenken, daß dergestaltige Begriffsbildung ausgeht von der Prämisse, daß der Suizid eine Fehlhandlung sei, sein müsse, ohne auch ernsthaft zu berücksichtigen, daß „Fehlentwickler" mit den gleichen psychologischen Voraussetzungen, wie die des Suizidärs es sind, in überwältigender Mehrzahl sich nicht zum Freitod entschließen, ja häufig überhaupt keinen sonderlichen psychischen Schaden nehmen. Der andere – Erwin Stengel – ermittelt den Appell-Charakter des Freitods: Dieser sei der letzte verzweifelte Hilferuf des Suizidärs, des Suizidanten, ein wild in die Wildnis Welt hinausgestoßener Schrei: „Helft mir, ich kann nicht mehr!" Die These hat manches für sich, ich will später versuchen, mich mit ihr auseinanderzusetzen. Indessen sei nur festgestellt, daß auch Stengel den zum Freitod Entschlossenen nicht aus dessen eigener Welt heraus zu verstehen trachtet. Zwar ist der Freitod fast immer auch ein Appell oder, wie ich es lieber nenne, eine *Botschaft*, ist über diese hinaus aber noch etwas total anderes: jenes nämlich, über das nur noch metaphorisch oder in leerer Begriffsdichterei gesprochen werden kann, die Beendigung eines jede Art von Zuständlichkeit erst möglich machenden Zustandes, des Lebens, ein Akt, der nicht umkehrbar ist, eine zum Erbleichen exzessive Handlung.

Von dem, was da sonst noch an psychologischen Theorien uns proponiert wird, kann nicht alles falsch sein. Aber es *geht stets vorbei* an der Grundtatsache, daß *der Mensch wesentlich sich selbst gehört* — und dies außerhalb des Netzes gesellschaftlicher Verstrickungen, außerhalb desgleichen eines biologischen Verhängnisses und Vor-Urteils, das ihn zum Leben verurteilt. Die „klassische" psychoanalytische Theorie erscheint dem unbefangenen Blick eines der Orthodoxie nicht verschworenen Beobachters eher als eine schwitzende Arbeit zur Rettung des ganzen, in seinen Prämissen den Suizid ausschließenden Gedankengefüges denn als ernsthafte Beschäftigung mit dem suizidären Menschen. Man kennt den Mechanismus: Die in ein Objekt investierte Libido wird, sobald dieses Objekt — eine Person, eine Idee — verlorengeht, verfügbar; anstatt aber sich einem anderen Objekt zuzuwenden, zieht sie sich zurück in das Ich, dessen Teil sie fürderhin ist. Das in Verlust geratene Objekt ist solcherart zwar gerettet, doch richtet sich der Haß, Konversion enttäuschter oder verlorener Liebe, nunmehr gegen das interiorisierte Objekt und also gegen das Ich, die eigene Person, die darum zerstört werden muß. Ich habe kein Urteil darüber, inwieweit allenfalls klinische Erfahrungen, die ihrerseits aber als solche stets anzweifelbar, da doch nicht reine Erfahrung sind, vielmehr ihnen immer das theoretische Muster zugrunde liegt, das klassische theoretische Modell, den Adepten der psychoanalytischen Kunst als Verifizierung des Gedankens erscheint. Für das *phänomenologisch* auf die Erscheinung des Suizids gerichtete Auge ist es eine quantité négligeable, um nicht schlichter zu sagen: eine bei den Haaren herbeigezogene Konstruktion. Die Theorie läuft auf das Phänomen der Auto-Aggression hinaus, das der Psychoanalytiker Karl Menninger später als Funktion des Todes- und Zerstörungstriebes bezeichnete und in seinem Buche „Man against himself" unter Heranziehung zahlreicher Fall-Geschichten bearbeitet hat. Über den Begriff des Todestriebes, für den ich den weniger ostentativen Ausdruck „Todesneigung" vorschlug, wurde in einem voraufgehenden Kapitel schon nebenhin gesprochen. Nachzutragen ist an dieser Stelle nur noch, daß, im Lichte theoretisch ungebundener Anschauung, Aggression gegen den anderen und Hand an sich selber legen zwei radikal verschiedene Handlungsweisen sind. Es stimmt ganz einfach nicht, daß der als „Selbstmord" durchgehend fälschlich bezeichnete Akt nichts anderes sei als eine Ersatzhandlung für den Mord. Der Mord am Nebenmenschen ist die extremste Form der Bekräftigung des eigenen *Lebens;* Elias Canetti hat hier, ganz jenseits der Psychologie, mit seinem anthropologisch erdichteten Begriff des *triumphierend Überlebenden* den Sachverhalt der Tötung des anderen aktentsprechend interpretiert, daran zweifle ich nicht. Hand an mich legen, zum Tode hin oder auch nur bis zur Selbstverstümmelung, spricht im phänomenalen Raum des Ich eine besondere, vom Mord verschiedene Sinnsprache. Ich greife an: meine Extremitäten richten sich in die Welt hinein oder gegen die Welt (das lateinische Wort „in" für „desungeachtet", „trotz", verdeutlicht hier ausgezeichnet den Tatbestand).

Ich greife *mich* an, vollziehe also eine Bewegung, die in der täglichen Lebenspraxis sich nur ereignet, wenn ich Fremdes, Störendes wegschaffen, herausschaffen will, ist ein Begebnis unvergleichlich anderer Ordnung. Ich putze mir die Zähne, ich säubere meine Ohren, meine Nase: stelle meine Physis in ihrer Integrität wieder her. Das ist nicht eigentlich ein Griff in mich, sondern wiederum ein Angriff gegen die in jedem Falle feindliche Außenwelt, die ich von mir fernhalten muß, um bestehen, überstehen zu können. Auto-Aggression erscheint mir als ein logisch widersinniger Begriff, genauer gesagt: ein Begriff, der erst im Rahmen der Anti-Logik des Todes seine Berechtigung erhält, wobei er dann allerdings alles *positiv* Aggressive, das nach den Feststellungen der Verhaltensforscher die unerläßliche Lebensbereitschaft sinnfällig macht, notwendigerweise verlieren muß. Die Alltagssprache ist da allemal ein verläßlicher Führer durch das Labyrinth der Brust. „An aggressive businessman", das ist doch der erfolgreiche, lebenstüchtige Kaufmann, das genaue Gegenteil eines Menschen also, der einer eingeborenen Todesneigung nachgibt, sogar gewaltsam sie für sich reklamiert und den „lieben Bruder Tod", von dem in einem seiner wenigen schönen Gedichte Hermann Hesse spricht, ungeduldig an seine Brust reißt.

Aber was soll hier ein unmanierlich wider die psychologischen Suizid-Theorien sich eindrängender Ton? Ich muß ihn mir auf der Stelle verbieten, denn es ist mir nur allzu gut bewußt, daß ich zum Teil schon in der anderen Sprache rede, der Sprache des Suizidärs, den diese Lehren sowenig erreichen wie die soziologischen Bestrebungen eines Durkheim, eines Halbwachs, aller jener, die da meinen, es sei nicht das Individuum, das sich seinen freien Tod gebe, hingegen die Gesellschaft, die in ihrer Problematik den schlecht gerüsteten, widerstandslos ihr ausgelieferten Einzelnen zum Suizid führe. Worauf ich hinaus will, ist ja nur der cruciale Punkt, an dem sich herausstellt, daß jegliche Suizidforschung, die psychologische, soziologische, im Namen der Gesellschaft spricht – und dies auch dann, wenn sie bestehende gesellschaftliche Ordnungen schärfstens kritisiert! – anstatt den Suizidär dort zu suchen, wo allein er auffindbar ist: in seinem ihm eigenen und unveräußerlichen System. Denn: Jedermann gehört, ich wiederhole es auf die Gefahr, den Leser zu ermüden, unter Aufmichnahme, der Monotonie geziehen zu werden, in den entscheidenden Lebensmomenten sich selber, und wo er nicht mehr sich gehören will, weil er sich anheimgibt, einer Idee, einem menschlichen Verband, einem Wahne meinetwegen, ist es noch dort seine existentielle Eigengehörigkeit, die ihn handeln oder nichthandeln macht. Begebe ich mich hier wider meine Absicht ins Gebiet der Ethik? Offenbar. Ich tue es ungern, weil man unter solchen Umständen allzu geschwind haftbar gemacht und als Außenseiter abgeführt werden kann. Die Gesellschaft als Aufsummierung von Individuen, die aber in der Summierung die Lebensfakten des Subjektiven überschreitet, hat ihre Rechte: es sind Rechte, die am Ende doch wieder dem Individuum zugute kommen. Und keiner darf gewissen totalisierenden Ansprüchen der Sozietät sich vollkommen entziehen. Unmöglich also für den moralisch denkenden Menschen, seinen Freitod dergestalt ins Werk zu setzen, daß damit andere Leben in Gefahr geraten, etwa: ein Auto in wilder Rage so zu handhaben, daß es mit anderen Vehikeln zusammenstoßen und deren

Insassen physischen oder auch nur materiellen Schaden zufügen könnte. Hier muß die Lebenslogik in Form der ethischen Prinzipien bis zum Ende und gegen die Todeslogik des „après moi le déluge" durchgehalten werden. Was übrigens, soferne die von mir eingesehene suizidologische Literatur es verzeichnet, in den meisten Fällen auch geschieht. Nirgends las ich von einem zum Freitod entschlossenen Piloten oder Lokomotivführer, der die ihm anvertrauten Passagiere in seinen eigenen Tod mit hineingerissen hätte. Dagegen ist relativ häufig das kriminelle Phänomen des Mordes mit darauffolgendem Suizid des Mörders feststellbar, so namentlich im „crime passionnel", wenn ein Eifersüchtiger erst seine ungetreue Geliebte und danach sich selbst aus der Welt schafft. Für dergleichen Handlungen gibt es keine aus der immanenten Suizidlogik rechtfertigbare Exkulpation. Nur meine ich, man müsse gleichwohl zweierlei hier auseinanderhalten: den Mord (die Tat also, die viele begehen, ohne daß sie danach Hand an sich legen) und den Suizid. Der Mörder ist Mörder, sein Verbrechen ist ein Verbrechen. Daß er sich jenseits der verbrecherischen Tat selber den Tod gibt, löscht seine Untat nicht aus, aber macht ihn nicht zum Doppelverbrecher. Dem Mörder, der er war, soll nicht moralisch Pardon gegeben werden. Der Suizidant, als der er gleichfalls vor uns steht, ist einer, der seine Sache abmachte: Er steht jenseits von Urteil und Pardon, ein Mensch, dessen Recht über sein Leben, seinen Tod nicht angetastet werden darf. Die Skala der Fälle, wo das Problem der Ethik sich eindrängt in die suizidäre Situation, dehnt sich weit aus. Zu weit, als daß wir die je einzelnen Nuancen hier zu analysieren vermöchten. Gefragt sei exemplifizierenderweise nur nach dem Manne, der, so will es die Gesellschaft, sein Weiterleben der Familie schuldig sei. Er ist der Ernährer: er muß es bleiben, das vermaledeite Futter herbeischaffen für seine gefräßige Familienmeute, die den Todesschatten über seinem Haupt und auf seiner Stirn nicht sehen will, nur gierig fordert: Liebe und Zärtlichkeit und Fürsorge und Verteidigung und Verantwortlichkeit. Muß er einwilligen, einlenken? Ist es seine Pflicht, zu leben für die anderen? Moralische Gesinnung wird in solchen Fällen mit Vorsicht verfahren und den fundamentalen ethischen Prinzipien geben, was ihrer ist. Ein Mann, sei angenommen, den der Tod versucht oder der den Tod sucht, hat eine kranke, arbeitsunfähige Gefährtin und zwei unmündige Kinder. Er muß der Todesneigung – ethisch hier gesehen und ohne Berücksichtigung der psychologischen Faktoren – zu wehren verstehen. Dergleichen Fälle sind rar unter den Suiziden, von denen die einschlägige Wissenschaft berichtet. Was hingegen fast überall, wenn einer weggeht oder weggenommen wird, sich uns aufdringlich sichtbar macht, ist das Faktum, *wie wenig ein Mensch gilt.*

Mitglied der Akademie der Künste, Berlin, habe ich zweimal jährlich Gelegenheit, den Nachrufen auf verstorbene Angehörige dieser Institution zu lauschen und die rituelle „Schweigeminute" zu Ehren der Toten mitzumachen. Die Leute stehen tatsächlich so rund sechzig Sekunden lang in einer Art von Stillgestandenhaltung und setzen sich nach dieser Peinlichkeit erleichtert wieder hin. Die Nachrufe werden gehalten. Zumeist hört ihnen nur der Nachrufende selbst aufmerksam zu. Die anderen betrachten ihre Fingernägel, zeichnen Männchen auf die vor ihnen liegenden Papierbogen. Nach dem Freitod Peter Szondis, nach Ingeborg Bachmanns entsetzlichem Sterben wurde auch geredet. Damit waren die Dinge schon bereinigt. Und die Überlebenden konzentrierten sich auf so dringliche Probleme wie die Vergabe von Preisen oder die Zuwahlen neuer Mitglieder. Aber das sind eben Fremde, wird man einwenden. Wie anders reagieren doch enge Freunde, Angehörige gar. Freilich. Aber auch sie vergessen mit einer stupenden Rapidität. Die Witwen lachen bald wieder – warum sollten sie nicht? Die Witwer trösten sich mit anderen Damen. Für die Kinder wird Papa bald zu einem Mythos, dessen man sich mit jener Langeweile erinnert, die einen in der Religionsstunde überfällt. Les absents ont toujours tort: Les morts ont doublement tort et sont plus morts que mort. Der Tod ist mehr als der Tod: der Leichenschmaus, der ihn auslöscht, ist das große Reinemachen, das die Lebenden vollziehen, den Schmutz des Todes zu beseitigen. Der Suizidär darf wissen, daß er, von wenigen Extremfällen, wie den weiter oben angeführten, abgesehen, sich selber gehorchen darf, sich selber gehört, daß er seinen Tod stirbt, seinen eigenen, den nicht der Herr ihm erst zu geben braucht. Er ist ganz allein mit seinem Freitod, allein, wie er es beim „natürlichen" Hintritt sein würde. Des muß er gewahr sein.

Nur gerät bei derartiger Erkenntnis ein ganz bestimmter Aspekt des Suizids ins Zwielicht. In diesem kommen wir zurück auf die Auseinandersetzung mit suizidologischen Theorien. Ist der Freitod denn nicht ein Hilferuf, wie Erwin Stengel es in seinem Buch „Selbstmord und Selbstmordversuch" darlegt? Helft mir, ich kann nicht mehr, oder so ähnlich. Ich spreche lieber von einer *Botschaft,* wie ich dies schon sagte, und versuche nun, einen intrikaten Sachverhalt aufzuhellen. Es scheint mir zwar, daß es diesen „Appell" nicht nur gibt, sondern daß tatsächlich viele Suizide oder Suizidversuche als Aufschrei aus der Nacht des widrigen Seins angesehen werden dürfen, so wie es auch den reinen Erpressungssuizid, den Rachesuizid, die unverschämte theatralische Demonstration des von vornherein schon als „Mißlingen" geplanten Pseudo-Suizids gibt. Unter hysterischem Geschrei rennt eine Frau in Gegenwart ihres Ehemannes und vielleicht noch anderer Personen zum Fenster, aus dem springen zu wollen sie schrill versichert. Das ist jämmerlich, wenngleich darum nicht lächerlich, denn über keinen menschlichen Jammer darf gelacht werden. Einer, der sich auslöscht, schreibt, ehe er zur Tat schreitet: Du hast mich gequält, ich ertrage es nicht länger, so komme die Schuld über Dich. Oder nur: Nun muß ich gehen, was immer ich versuchte, es wurde abgewiesen, der Welt, die mich ausstieß, ich kehre ihr den Rücken. Es ist das alles bekannt, die besonderen Fälle mögen in der ihnen zukommenden Weise interpretiert werden von der Psychologie. Dies ist meine Sache nicht. Was alle Freitodvorhaben, solche, die zum Ende gelangten, gleich denen, wo man den Abtretenden zurückrief, begrifflich einigt, ist nicht der Hilferuf, sondern die *Botschaft*. Diese, die nicht hingeschrieben, nicht herausgeschrien, durch keinerlei Zeichen bestimmt werden muß, vielmehr auch im schweigenden Akt auf den Weg gegeben wird, bedeutet, daß wir selbst im Moment des Übertritts, wo wir der Lebenslogik und der Seinsforderung schon Absage getan haben, mit einem Teil unserer Person noch immer und bis zum letzten Aufflackern des Bewußtseins es mit dem *Anderen* zu tun haben. Dieser ist, man weiß es, „die Hölle": Mit seiner Freiheit durchkreuzt er die meine, mit seinem Projekt steht er dem meinigen im Wege, seine Subjektivität will meine vernichten, sein Blick allein schon, der mich richtet und zu einem bestimmten Sosein verurteilt, ist eine Art von Mord. Durch die Begegnung mit dem anderen widerfährt mir, was Sartre „la chute originelle", den Ur-Fall oder Ur-Sturz nennt. Wahrheit —: aber nicht die ganze. Denn es ist der andere mit seinem Blick, seinem Projekt, seiner Fixierung meines Ich zugleich Mörder und *Samariter*. Er ist die Brust der Mutter und die hilfreiche Hand der Krankenschwester. Er ist mehr: das Du nämlich, ohne das ich niemals ein Ich zu sein vermöchte. Was wir tun, was wir lassen, ist stets, in Haß, in Leidenschaft, in Freundschaft und noch in Indifferenz, auf den anderen bezogen. Wir kommen aus ohne Gott. Wir schaffen es nicht ohne den Anderen, den mögen wir „Gesellschaft“ nennen, es ist nur eine Frage konventioneller Terminologie. Weil der Andere unser Geschick ist, so gut oder so schlecht wie unser Ich, so ist er, nochmals gleich dem Ich, unser Begleiter bis zum Ende. Alvarez erzählt uns in seinem Buch „Der grausame Gott“ die schaurige Geschichte eines in England ansässigen, prononciert anglophilen Amerikaners, der sich, in tadellosem Cityman-Anzug, mit Bowlerhut und strikt gerolltem Schirm, nach Einnahme einer ausreichenden Dosis von Schlaftabletten an der Küste in eine Felsspalte zwängte und, seinem amerikanischen Vaterland zugewandt, dort starb. Die Botschaft war deutlich und war auch unabhängig von der spezifischen psychologischen Motivierung des Suizids. Sie hieß: Ich liebe England und liebe mein Vaterland. Beide Länder standen hier stellvertretend für den Anderen, an den das Zeichen gerichtet war. Und selbst dort, wo deutliche Zeichen fehlen, wird Botschaft ausgesandt. Dann wird vielleicht der Andere, der gar kein Antlitz mehr hat, kein Land ist, kein Freund, keine Geliebte, zum transzendentalen Objekt. Seine Präsenz endet erst mit dem Tode des Suizidanten, er ist der Adressat der Botschaft. Ob sie ankommt, ist generell nicht beantwortbar. Ist sie direkt und richtet sie sich rächend an eine ungetreue Geliebte, sind ihre Ankunftschancen gering: Die Nachricht des Mannes, die sich ausdrücken läßt in den Worten „Sieh, was du angerichtet hast!“, wird kleine Gewissenslast und große Erleichterung sein; da der Geliebte von gestern nicht mehr auch einer von heute ist, er also als Geliebter kein Recht zum Leben und zu Botschaften hatte, wird der ungeschriebene Brief nicht angenommen, der Ruf nicht gehört. Kein Anschluß unter dieser Nummer, kein Anschluß unter dieser Nummer. Ist aber die Botschaft eine allgemein-abstrakte und richtet sie sich an den Anderen als bloße Figur jenes Seins, dem der Suizidant entrinnen will, läuft die Platte mit verstärktem Nachdruck und nur leicht variiertem Text weiter: Kein Anschluß, da keine Nummer gewählt wurde, kein Anschluß, kein Anschluß.

All dies sollte den Menschen, der sich abfertigt, nichts mehr angehen. Es verhält sich nur, was vertrackt und elend ist, auf der Ebene der Befindlichkeit so, daß der Suizidant, so wenig wie irgendein in den Tag hinein Lebender, absehen kann vom Anderen. Er hat schon Adieu gesagt, weiß, daß es kein Wiedersehen gibt. Er ruft dennoch über die Schulter im Abgehen dem anderen ein Wort zu, das sinnlos ist: nicht nur darum, weil niemals feststeht, ob es an ein Ohr dringt, sondern und vor allem, weil der Abtretende davon nichts wissen wird. Womit das ganze Problem des subjektiven Idealismus in der Philosophie, längst abgetan, wie man meinen möchte, neu und in anderem Lichte sich stellt. Die Welt ist meine Vorstellung. Der Andere war meine Vorstellung. Mit dem Erlöschen meines Ich erlischt die Vorstellung, Welt und andere sind dahin. Der Suizidant vollzieht diesen mit dem Absturz des Akrobaten endigenden Balance-Akt des Denkens und vollzieht ihn doch nicht ganz. Er redet mit seiner Tat den Anderen an: der vergeht mit ihm und bleibt bestehen. Er appelliert genau so, als sei er ebenso fest überzeugt vom Verschwinden der „Welt im Kopf" wie von ihrem Weiterlauf. Er ist Tom Sawyer, der überm eigenen Grabe mitweint mit der Gemeinde, und weiß dennoch, daß er keine Tränen mehr haben wird. In dieser Kontradiktion ist tatsächlich der Tod „le faux", das

Falsche, Verkehrte, von dem Sartre spricht: und ist desungeachtet die einzige Wahrheit, die, gleich dem Gotte der Gläubigen, alle Widersprüche in sich umfaßt und in der Umarmung aufhebt. So bringt der Suizidant sich um, gemeinsam mit dem Anderen, den er botschaftend anspricht. So läßt er die Welt untergehen, die, seine „Vorstellung" oder nicht, sein Besitz war. Der Widersinn läuft sich zu Tode in des Suizidanten Bewußtsein, daß er sich selbst gehört und im Sich-selbst-Gehören der Welt; *daß die Welt ihm gehört* und damit er sich selber. Kein tiefsinnigerer Satz als jener diesem Buch als Motto voranstehende Wittgensteinsche, darin der Philosoph des positiven Denkens sich selber preisgibt, zum existentiellen Denker-Nichtdenker wird und sich nicht scheut vor Wortreihen, die seine Nachfolger gelassen als „sinnlos" bezeichnen werden. „Die Welt des Glücklichen ist eine andere als die des Unglücklichen. Wie auch beim Tod die Welt sich nicht ändert, sondern aufhört." Mit dem Aufhören der Welt durch den Tod wird das Sich-selbst-Gehören des Suizidanten bestätigt. Und die ausgesandte Botschaft, die er sich nicht verbieten kann, verhallt in der Nichtwelt des Todes. Sprechen wir, wie Erwin Stengel, von der „Appellfunktion" des Freitods, dann befinden wir uns noch im Welt-Raum der Psychologie. Anerkennen wir mit dieser Appellfunktion auch ihre nicht nur immanente, sondern transzendente, ja vielleicht transzendentale Widersprüchlichkeit, haben wir den Bereich der Psychologie (einer Wissenschaft des Lebenden, einer im Anspruch, wenn auch nicht faktisch, objektiven) verlassen und stehen im Halbdunkel ontologischer Spekulation. Aber nun keinen Schritt mehr weiter! Denn schon fällt drohend das falsche, kalte Licht der metaphysischen Konstruktion ein, schon erhellt unseren Geist auf höchst täuschende und auch wohlfeile Weise die leere Begrifflichkeit des subjektiven Idealismus, die wir abweisen müssen, denn zwar hört, wie Wittgenstein es sagte, mit dem Tode die Welt auf, aber de facto zweifelt schließlich keiner daran, daß sie weiter west und unwest, bis die Entropie ihr ein der menschlichen Vernunft verständliches Ende bereiten wird. Man wird unsere Reste verscharren, verbrennen, sezieren. Straßenbahnen und Flugzeuge werden weiter ihren Dienst versehen, Menschen werden sich paaren und neue Unzumutbarkeiten im Lustgestöhn oder auch lustlos auf bürgerliche Eheweise hervorrufen. Der Suizidant, besser als der auf „natürliche Art" Verscheidende, den es nur nach Besserung und Zuspruch verlangt und der den Tod von sich schiebt, weiß um beides: den Untergang der Welt und ihren Fortbestand. Er ist – als Phänomen so selten wie das Genie, sei er auch nur ein armer Hund, dem keiner eine Träne nachweinen wird – unter den Vielzuvielen der einzige, der, botschaftend ins Leere hinein, *die Welt versteht:* als entschlossener, nur sich selbst gehörender Kontrahent alles dessen, was man in der Alltagssprache wie mit der wissenschaftlichen Ausdrucksweise Wirklichkeit nennt.

Wer dergleichen vorbringt, setzt sich der Gefahr aus, verbaler Ausschweifung und zügelloser Gedankenhatz geziehen zu werden. Wie vernünftig nehmen sich dagegen die Theorien aus. Sie breiten Faktenmaterial vor uns hin, geben Äußerungen wiedererweckter Suizidäre bekannt, klassifizieren. Unter den Lehrmeinungen, die freilich alle vom Suizid so wenig wissen wie der Automechaniker vom Kraftwagen, der zwar jeden einzelnen Bestandteil des Vehikels kennt, nicht aber die physikalischen Gesetze der Bewegung, ist eine, die uns einleuchtet. Was ist der Suizid? Eine „narzißtische Krise". Ein Vertreter dieser Theorie schreibt so: „Löst man den kritischen Ansatz von der Fixierung an das Problem der endgültigen Objektivierung

und richtet ihn auch auf andere Schritte der wissenschaftlichen Erkenntnis, z. B. auf den Prozeß der Hypothesenbildung, dürfte es möglich sein, einen den Phänomenen der Suizidalität adäquateren Zugang zu entwickeln."
Er richtet den Ansatz auf Schritte und entwickelt Zugänge. Was tut's? Nicht jedermann schreibt wie Freud, das unbeholfene Wort sagt noch nichts über das Denken, es sei denn, daß hier in lächerlichem Mißverhältnis zum entsetzenden Ereignis gedacht wird, nicht mißverhältlicher allerdings auch, als die chirurgisch-fachliche Abhandlung sich ausnimmt angesichts des unmenschlichen Vorgangs einer Amputation. Es gilt ja, nüchtern zu sein. Man muß sich sagen, es seien Amputationen notwendig und mit diesen unvermeidlich auch theoretische Berichte darüber; und es gibt Suizidfälle, also auch zu diesen Forschungen. Sie entwerten sich nicht durch linkische Rede. Lassen wir also den Gelehrten seine Zunge gebrauchen, wie sie ihm nun einmal wuchs, und fragen wir nur nach den Resultaten seines Arbeitens, die schließlich, vorgebracht wie immer, einen gewissen sachlichen Bezug haben zu unserem Diskurs.
Der Freitod sei, so wird behauptet, eine narzißtische Krise. Die Probleme der Begriffsbildung seien vorläufig ausgespart. Daß mir nicht wohl ist bei solchen Nomenklaturen, ist meine Sache, als solche nur nebenhin erwähnt. Man soll nicht von Narzißmus reden, meine ich, wenn man sich gedanklich nicht klar ist — oder seine Unklarheit nicht einbekennt — über das Ich und sein Verhältnis zu sich selber. Es ist ja auch, sei weiter angemerkt, der Ausdruck „Sadismus" schon mißbräuchlich dort, wo nicht ausdrücklich sexuelle Lust am Zufügen physischen Schmerzes gemeint ist, das Wort Masochismus ist unerlaubt, sofern mit ihm nicht hingezielt wird auf Fälle, wo jemand in Ekstase gerät schon bei der Vorstellung, daß man ihn

mißhandle. Lassen wir diese terminologischen Fragen beiseite und beschränken wir uns auf die Essenz der Aussage. Der Suizid, so meint eine Forschungsrichtung, habe nichts zu tun mit dem umstrittenen Todestrieb Freuds, nichts mit der Objektbesetzung und Interiorisierung des Objekts, das als ein zu hassendes schließlich Teil wird des Subjekts, den Selbsthaß erzeugt, der zum „Selbstmord" führt. Vielmehr verhalte es sich so, daß der Suizidär, enttäuscht durch das Verhalten der anderen ihm gegenüber, sich nicht mehr in dem Spiegel, der sie für ihn sind, lieben könne. Er hat, der arme Teufel, ein „realitätsfremdes" Ich aufgebaut: Die Wirklichkeit warf ihm ein anderes, für ihn unerfreuliches Bild seiner Person spiegelnd zurück. „Narzißtische Objektbeziehung" führte zur „Frustration": so brachte er sich um, ein Irrender. Die Konstruktion, belegt durch Kasuistik, hat manches für sich, mehr wahrscheinlich und Tieferes, als die betreffenden Autoren sich träumen lassen. Wir brauchen nur den unguten Ausdruck „Narzißmus" wegzulassen sowie natürlich „Objektbeziehung", selbstverständlicher noch „Frustration", und schon stehen wir vor einer schreckhaften Erscheinung, von der die Rede bereits war: Der „Andere" als mein Spiegel, aber mehr als das, nämlich: als Widersacher und „Hölle" steht mir im Wege. Da helfen keine sozialen Theorien. Er will mich, wie er mich will. Ich entspreche diesem Willen *niemals,* wie freundlich er sich auch zeige, wie wohlwollend und mitmenschlich. Ich bin allein, auch ohne „socially isolated" zu sein. Die Einsamkeit ist nicht, ist jedenfalls nicht grundsätzlich und überall Verlassenheit. Man kann tief einsam sein inmitten andrängender Menge, kann vom Ruhm bestrahlt, von Ehrungen und huldigenden Menschen umgeben sich wissen und dennoch das Gefühl vollkommenen Alleinseins haben. Ist darum, wenn einer aus der Tiefe solcher Verzweiflung herauftaucht und den Entschluß zum Freitod faßt, eine „narzißtische Krise" zu diagnostizieren? Oder faßt nicht vielmehr der Suizidär nach langsamem Anbahnen die Erkenntnis, daß wir verlassen sind, wie viele Gefährten wir auch haben mögen? Keiner kann keinem Gefährte hier sein, heißt es. Fraglich bleibt, wozu allenfalls die Liebe des Anderen mir nütze ist. Bei dem großen Colloquium, das (1910) die psychoanalytische Bewegung über das Thema „Selbstmord" veranstaltete, erhob sich einer der Teilnehmer und verkündete: „Nur derjenige gibt sich den Tod, der keine Hoffnung mehr auf Liebe hat." Nur ein solcher? Wirklich? Die Behauptung hängt, was ihre klinische und statistische Belegbarkeit anlangt, im Leeren. Wir wissen nichts davon, daß Menschen einzig und allein wegen (echter oder imaginierter) Liebelosigkeit der anderen sich auslöschen. So wie wir nicht wissen, wie viele es taten, weil sie die Last von Liebe, die man ihnen aufbürdete, nicht ertrugen. Es kann die unrechte Liebe zur unrechten Zeit durch den unrechten Anderen ebenso zum Freitod führen wie der Mangel an bekundeter. Wovon wir mit gerechtfertigter Überzeugung sprechen können, ist nur die *existentielle Einsamkeit des Einzelnen:* die ist uns unmittelbar gegeben zu jeder Stunde. Und gleichfalls gegeben ist uns ein zwiefaches Gefühl von Ausgeliefertsein an den Anderen, der uns richtet, Bedürfnis nach dem Anderen, auf daß wir ihn richten. Dieser Andere aber, verstanden hier als transzendentales Objekt, muß nicht die greifbare Gestalt eines bestimmten Menschen annehmen. Er kann hinter „Welt" sich verbergen, ohne daß er uns darum weniger gegenwärtig wäre. Damit schließe ich nicht aus, daß auf der Ebene psychologischer Motivationstheorien tatsächlich sozial isolierte Menschen häufiger den Tod suchen als solche, die man „wohlintegriert" nennt; jedenfalls bezeugen dies die Sta-

tistiken, die freilich ihrerseits in ihrer Gültigkeit von vielen Suizidologen angezweifelt werden, so namentlich von dem Amerikaner J. D. Douglas, der sich anheischig machte, die gesamte statistische Methodologie, einschließlich des monumentalen Werkes von Durkheim, über den Haufen zu werfen. Aber wenn wir selbst den allgemein akzeptierten Fakten und Ziffern vertrauen wollen und also aufgrund ihrer annehmen, daß der alleinstehende Mensch sich eher der Todesneigung überlasse als der in ein gesellschaftliches System an bestimmter Stelle eingespannte, sagt dies doch nichts aus über die *Fundamentalkondition der Einsamkeit* des in die feindselige Welt hinausragenden Subjekts, das sich zwar ständig am Anderen aufbaut, von diesem aber ebenso permanent zerstört wird.
Einer geht abends heim und sagt sich in der schlecht beleuchteten Gasse, die er durchschreiten muß: Es ist alles nichts wert, nichts lohnte meine Mühe, was ich erhoffen könnte, ist Illusion, die sich in ihrer Verwirklichung aufzehrt. Ich mache der schlechten Sache ein Ende. Nur eben, jemand ist daheim, redet vom Abendbrot und vom Schnupfen und vom Wetter morgen. Der eben noch Suizidär war, wird überschwemmt vom Alltag, schwimmt mit in dem trüben Wasser, so kommt er nicht einmal zu seiner Einsamkeit als Voll-Erlebnis, wird ärmer und armseliger. Er ist schlechter dran als der Nebenmensch, der zur selbigen Stunde mit den gleichen Gedanken heimzu strebt, wo aber kein Geschwätz ist, das ihn sich entfremdet. Es war alles nichts nütze, sagt der, und wird alles nichts wert sein morgen und alle Tage. Es sei ein Ende gesetzt. Am nächsten Morgen findet ein Nachbar seinen Kadaver. Er hat sich selbst gehört und hat sich gehorcht: Den psychologischen Fakten, die, ausgesprochen oder nicht, das Leben als *Wert* präsupponierten, setzte er seinen nur ihm zugemessenen Entschluß entgegen. Er hebt sie damit nicht auf, die

Fakten: aber nun sind sie anders illuminiert. Natürlich ist auch sein Akt – Akt, der dem Nicht-Akt dessen, der sich vom Alltag und Gerede hinspülen läßt – noch Botschaft, denn auch er, allein und vielleicht frei, kommt nicht aus ohne den Anderen. Was aber soll es heißen, daß man seine Handlung das Resultat einer „narzißtischen Krise" nennt? Nicht darum geht es ihm ja, daß die Welt ihm ein schmeichelhaftes Spiegelbild seiner selbst zurückwerfe. Im Gegenteil: er will die Spiegelung nicht sehen, die, freundlich oder nicht, Zerrbild seines Ich ist. Der Tatbestand ist in meinen Augen von durchaus allgemeiner Gültigkeit, wiewohl ich keine Mittel habe, dies zu „beweisen". (Und beiläufig sei notiert, daß die „Wissenschaften vom Menschen" niemals im strengen Sinne ihre Behauptungen beweiskräftig aufzustellen vermögen.)

Ich glaube, um diesen Gedankengang ein Stück weiter zu führen, überhaupt nicht, daß jemand „sich liebt" (im gleichen Verstande, wie er einen anderen liebt) – so wenig, wie seine Ich-Kondition ihm erlaubt, sich zu hassen. Sein Ich, unser Ich, ist nur in beschränktem Maße und auf oberflächlichste Weise imstande, aus sich herauszutreten: Wer sich sieht, sich liebt, sich haßt, tut dies stets mittelbar, indem er den Blick der anderen, von dem ihm sprachlich (verbal oder auf andere semiotische Weise) Kunde ward, flüchtig und immer auf Widerruf interiorisiert. Sein Ich als transzendentales Objekt sucht er nur in seltensten vertieften Momenten, und auch dann findet er es nicht – ich legte dies schon dar. Was einer liebt oder haßt, ist das Stück Welt, das er ausschreitend sich zu eigen machte: Augenblicke der Erhebung, die er in sich bewahrt, Situationen der Demütigung, die hartnäckiger in ihm lasten, allen Verdrängungs- und Verteidigungsmechanismen zum Trotz. Noch das elendste Dasein hatte seine Ehrenstunden. Da mag es der Tag der Firmung gewesen sein, dort ein Morgen in trügerisch glückversprechenden Landschaften, hier eine neue erotische Erfahrung, an anderer Stelle nur ein wehender Fetzen Musik oder ein paar Zeilen Poesie. Sie waren und sind in der Erinnerung. Sie werden nicht mehr sein. Keiner wird sie weitertragen als Welt in die Welt, das ist todtraurig. Auch dann, wenn der Ekel überwiegt und die Todesneigung uns überwältigt. Der eigene Körper, von dem ich im dritten Hauptstück sprach, die Zärtlichkeit zu ihm, die hinausgeht über den ins Auge gefaßten Freitod bis zur qualvollen Nekrophilie, ist in letzter Analyse Leib meines In-der-Welt-Seins, und wenn ich meine Rechte mit der Linken streichle, die Linke mit der Rechten, beide einander wie Liebende – dann sind sie die Glieder, in denen Welt sich geborgen hat. Innenwelt? Außenwelt? Die Frage wird gegenstandslos. *Erfahrene* Welt muß es richtig heißen, monde vécu, temps vécu, espace vécu. Gelebtes. Sich ans Gelebte halten, hat mit Narzißmus, soferne überhaupt wir mit dem Begriff uns einlassen wollen, kein tertium comparationis. Jedermann ist narzißtisch. Keiner ist es. Weil eben jedermann es ist. Einfachste Sprache sagt, es sei das Hemd uns näher als der Rock – und hat recht in ihrer kargen Einfalt. – Und die Haut ist noch näher als das Hemd und aufgeschichtete Welt-in-uns noch viel näher als selbst die Haut. Sie ist ganz unser, im Elenden wie im Herrlichen, und wir gehören ihr, was heißt: wir gehören uns.

Zu klären ist alsogleich, daß die Gesellschaft, die sich aufwirft gegen uns mit ihren Anmaßungen und Zumutungen, nicht unsere Welt ist, nur das Material zu dieser. Die Sozietät, eine jede wohlverstanden, ist mir gegenüber eine Anzahl von Verrichtungen anderer und meiner selbst, dergestalt aber, daß meine eigenen Verrichtungen in ihr mir ebenso fremd sind wie die der Mitspielenden. Ich kann von diesem Material etwas aufnehmen und zum Teil meiner Person machen. Anderes kann ich abweisen, wie violent es mich auch bedränge. Es gilt nur das von mir Aufgesaugte, der Rest ist scheußliches Exkrement. Begebe ich mich im Vollzug der Abstoßung des Abstoßenden schon des Realitätsprinzips, dessen Verbindlichkeit allgemein ist? Man darf wohl nur beteuern: Ich habe es nie vollkommen besessen, wenn selbstverständlich ich mich ihm auch fügte, denn ich bin nicht wahnsinnig. Hier wünsche ich radikal die Demarkationslinie zu ziehen zwischen meinen Überlegungen und gewissen antipsychiatrischen Theorien, die das Realitätsprinzip als Oppressionsinstrument einer bestimmten gesellschaftlichen Ordnung ablehnen. Die Gleichung „Realität = kapitalistische Oppression" ist falsch. Wahr ist vielmehr, daß die Gesellschaft *als* Gesellschaft allerweilen recht hat gegen uns, so wie wir als je Einzelne unter allen Umständen recht haben gegen sie. Der Widerspruch löst sich erst auf mit der Lösung – Erlösung unserer Existenz. „Realität", das sprachlich vermittelte Gleichgewicht einer Unzahl von Vorstellungen, die zur Aussage gelangen und also zur Intersubjektivität, ist unabweisbar. Themistokles war ein athenischer Feldherr; so wird es gesagt und so *ist* es. Wer sich vernehmbar machen würde mit der Behauptung „Themistokles ist mein Bügeleisen", den wird man zunächst als einen Witzbold ansehen, wenn er aber mit Hartnäckigkeit dies wiederholt, als einen Narren. Was das Wort „Themistokles" für das Subjekt bedeutet – vielleicht etwas Sternhaftes, vielleicht ein donnerndes Geräusch oder sogar tatsächlich die Hitze seines Bügeleisens – ist sein inkommunikables Eigen, mit dem ist kein Staat zu machen, also wird, wer „normal" ist, sich anschließen der ihm überbrachten und allgemein gültigen Meinung, daß das Wort einen athenischen Feldherrn bezeichnet, „meint" – ohne weiter nachzudenken, was „meinen" meint. Es ist, nochmals, der

„Andere", hier figuriert in dem Begriff der sprachlich übermittelten Gesellschaftlichkeit, der sich siegreich behauptet gegen ein Ich. Dieses muß erst „gestört" sein, wenn es zu dem Worte Themistokles eine intime Beziehung unterhält, die nicht aufgeht in der Annahme, daß hier von einem athenischen Feldherrn gesprochen wird. Der Suizidant, der gestört sein kann, es aber nicht per definitionem sein muß, bricht noch nicht definitiv den Pakt mit der Realität. Er hält den Kontrakt ein, wiewohl er ganz erfüllt ist von der Gewißheit, daß Verträge nur Fetzen Papier sind. Er kündigt die Verbindlichkeit auf durch seinen Akt, bleibt aber pflichtbewußt ihr treu bis zum „Instant Suprême", nach welchem er nicht mehr haftbar gemacht werden kann. In der ausgesandten Botschaft, die Hilferuf manchmal ist, ein andermal nicht, bekundet der Suizidant zweierlei: die Vertragstreue (denn unbedingt weiß er, daß es ohne ein Netz von Abmachungen kein gesellschaftliches Sein geben kann) und den Triumph des nur ihm gehörigen Ich, welches freilich als Eigenbesitz erst in seiner Totalität aufgegriffen wird, sobald einer begreift, daß zwar alles gilt, was als Realität sich intersubjektiv etabliert hat, daß es aber einen Ausweg gibt aus der Ordnung der Dinge. Versuchen wir, die Botschaft des Suizidanten zu übersetzen in die alltägliche Sprache. Seine Handlung sagt: Du Anderer als Teil des sozialen Netzes hattest recht gegen mich, was immer du mir zufügtest; aber siehe: ich kann der Rechtsgültigkeit mich entziehen. Dies tue ich, ohne dir etwas anzutun.

Er sagt übrigens auch: Leb wohl. Er sagt: Es war vieles sehr schön. Er schluchzt vor sich hin (ohne Drüsensekretion oder damit, es ist das Nämliche): Wie schade, daß ich gehen muß. Er beklagt sein Geschick, sein Ungeschick. Er ist kein Held. Er ist noch weniger ein Erkenntnistheoretiker. Wie tief sein Ekel sei, wie unüberwindlich seine

Todesneigung, wie triumphierend momentweise sein im Abtreten gegen die Realität siegreiches Ich sich gebärde, wie großartig er sich dünke im Aufsichnehmen einer Einsamkeit, die nun aus einer relativen zur absoluten wird, wie lange der Entschluß herangereift sei oder mit welch jäher Gewaltsamkeit er gefaßt wurde, wie hoch er sich aufgestiegen erfahre oder wie tief gefallen —: Der Suizidant ist ein *Mensch*. Schon gehört er der Erde, aber noch gehört die Erde ihm — und sie ist schön. Und der Andere, mein Gott, er war, gesehen nun aus der Perspektive des Scheidenden, so schrecklich nicht. Der Realität gehorchend, hat der Suizidant alle notwendigen Anstalten getroffen, ihrem Prinzip zu entrinnen. Die Wirklichkeit war nicht zu ertragen in ihrer Gesamtheit, aber da sie ihm ja nicht nur die in ihm hochgeschichteten großen échecs gebracht hat, sondern auch die kleinen Ehrenstunden, war sie denn doch vielleicht nicht ganz so schlimm, ein Wort an sie, das nicht geschrieben noch auch nur ausgesprochen werden muß, ist das mindeste, was man ihr schuldet. Voilà des fruits, des feuilles, des fleurs et des branches, et puis voici mon corps. Ich weiß, Wirklichkeit, wie du mit ihm verfahren wirst. Ich habe alles einkalkuliert. Und kam zu dem Beschluß, daß ich dir gehörte und endlich mir selbst gehören muß. Du wirst mich, Anderer, der du mir die Hölle warst, aber auch die Seligkeit, nicht oder nicht lange beklagen: Aber ich beklage dich und in dir mich selber. Und damit: gute Nacht. Meine Botschaft mag für den Theoretiker des Freitods, den er beharrlich und wider alle Vernunft „Selbstmord" nennt, Aggression sein, Racheakt, postume Erpressung, was weiß ich. Doch ich weiß. Ich weiß, daß die Botschaft, die sinnlos ist, ohne die ich aber nicht täte, was ich tue, die ausgestreckte Hand ist der Versöhnung. Leb wohl denn. Ich gehöre endlich mir selber: Die Früchte meines Entschlusses werde ich nicht ernten, ich bin's zufrieden, noch im *Trennungsschmerz*, der groß ist, insonders wenn ich bedenke, daß die Welt des Glücklichen eine andere ist als die des Unglücklichen und daß mit dem Tod die Welt sich nicht verändert, sondern aufhört. – Dies also der Sinn der Botschaft, die am Bestimmungsort nicht eintreffen kann, weil es einen solchen nicht gibt. Die Welt ist ebenso konkret wie abstrakt: Sie wird erfahren nicht als „Welt", das Abstraktum, nur konkret in Bildern, Sinneseindrücken anderer Art, Sinnes-*Aus*drücken auch, wenn ich ausschreite nämlich, sie in Besitz zu nehmen. Wohin ist der Brief adressiert? An einen Schulkameraden, der längst tot ist? An das Kathrin-Gebirge im oberösterreichischen Salzkammergut? An Gina? Am undeutlichsten ist die Anschrift, die sich an die unmittelbar Nächsten richtet. Mit ihnen ist man im reinen. Die Trauerarbeit um sie ist abgeleistet. Die geringe Verlassenschaft ist amtsgültig den Hinterbliebenen zugesichert. Man ruft, und das Echo, das aus den Bergen vielleicht widerhallt, wird einen nicht mehr erreichen. Das weiß man, sollen also in Gottes und Dreiteufels Namen die Fachleute geruhig zwecks Hypothesenbildung den Ansatz auf Schritte richten und Zugänge entwickeln. Es wird auch das mich nicht mehr stören. Und wenn die Realität als Sprache oder Gerede übereinkommt, ich sei tatsächlich einer narzißtischen Krise erlegen, soll auch das mir recht sein.

Der Suizidant ist kein obstinater Debatter mehr. Er sagt ja und amen: zu sich selber und seines Ich äußerster Selbstherrlichkeit und zur Welt, die ihn aburteilt mit ihrem arterhaltend notwendigen Gerede. Meeresstille des Gemüts? Ein Kopf, der, anrennend gegen vier aufeinander zurückende Wände, einen rasenden Wirbel schlägt? Das eine so gut wie das andere, die Metaphern schließen einander nur scheinbar aus: im Drüben, das es nicht gibt, werden auch sie nicht sein.

V. DER WEG INS FREIE

Die Zelle ist vielleicht vier Meter lang, zwei Meter breit. Jedes Ausschreiten gelangt, kaum angefangen, an seine unüberschreitbare Grenze. Wie lange soll dies ausgehalten werden? Schon die „Stube", in der eine Anzahl von zwanzig Häftlingen untergebracht ist, so daß de facto dem Einzelnen kaum mehr Raum geboten ist, eher sogar weniger, erscheint als Freiheitsumkreis. Weiteres Freiheitsverlangen wird dort sich einstellen. Der Zugang zu dem durch Stacheldraht eingezäunten Arbeitsgelände. Eine Stimme dringt an mein Ohr, vernommen in längst historisch gewordenen Zeiten. Der Kamerad, zusammengepfercht mit mir in einer Quarantäne-Baracke, sagte: Morgen werden wir frei sein, und meinte damit tatsächlich den Ausweg aus dem Baracken-Halbdunkel in den eingegrenzten Tag des Lagerkomplexes.

Einer verspürt verengenden Druck auf der Brust, vielleicht infolge der Coronarinsuffizienz, an der er leidet. Sagt zu seinem Arzt: Gibt es kein Mittel, Doktor, das mich *befreit*? Wieder die vor Jahren gefaßte Idee, es sei jegliches Freiheitsverlangen rückführbar auf den physisch bedingten und unabdingbaren Wunsch nach *Atemfreiheit*. Der Kranke ist nicht frei, den Berg zu besteigen, auf dessen Gipfel er sich den Anderen über-stehend, also überlegen, würde fühlen können. Der Häftling ist nicht frei, sich an einem Kiosk eine Zeitung zu kaufen. Der Arme nicht, nach Rom zu fahren oder nach San Francisco. Die Freiheitsforderung, reduktibel vielleicht in der Tat auf das Verlangen der Physis nach Oxygen, kennt aber in ihren Ramifikationen und prozessualen Entwicklungen prinzipiell keine Grenzen. Und warum ist mir nicht die Freiheit zugestanden, eine Jacht zu besitzen, durch die Meere zu kreuzen? Leeren Raum um mich zu haben, in dem der Lärm aus dem Funkgerät des Nachbarn sich verliert? Warum nicht die Freiheit, faul zu sein? Warum nicht, die Bürde meines Leibes, den ich allzu gut kenne, abzuwerfen? Jede Freiheit, nach der es mich dürstet, ist streng bedingt durch die ihr korrelative Unfreiheit. Ich fühle mich in meiner Freiheit beschränkt, wenn an einer Straßenkreuzung ein Rotlicht mir befiehlt, zu stoppen. Würde man aber in meiner Stadt sämtliche Signalanlagen abschaffen, wären es die sich stauenden Autos der Anderen, die mir das freie Weiterfahren verböten. Das Gefühl der Freiheit nach Verschwinden der von ihr bedingten Unfreiheit ist stets sehr kurz, sofort findet man sich wieder in einer Zwangslage, aus der auszubrechen ist. Die Einsicht in die Notwendigkeit meiner Freiheitsbegrenzung ist mir dabei von geringem Nutzen. Ich weiß, wohin mein Streben führt, ist niemals meine Freiheit, nur Resignation. Ich bin nicht frei, mit einem Arm siebzig Kilogramm vom Boden zu heben, meine physische Verfassung erlaubt es mir nicht. Die ist Notwendigkeit. Ich sehe sie ein – das macht mir den Verzicht nicht leichter. Die Freiheit ist kein Existential. Das Verlangen nach ihr mag ein solches sein, mit ihm die jeweils nach Bruch des Zwanges im Akte der Befreiung sich einstellende Befriedigung; die währt niemals lange. Was ich da vorbringe, soll nicht mißbraucht werden können dergestalt, daß einer sich hervorwagte mit der Konklusion, es seien die politischen Freiheiten gleichfalls nur Chimären. Sie sind es darum nicht, weil überall dort, wo sie eingeschränkt sind, der dringliche Wunsch zu ihrer Herstellung laut wird. Habeas corpus, freie Rede, freie Wahlen: sie bedeuten nicht viel, wenn ich sie besitze. Ihre Gewährung ist unerläßlich, wo sie mir nicht zugute kommen. Der chilenische Arbeiter will frei sein, zu wählen oder den Unterdrücker zu unterdrücken. Der tschechoslowakische Schriftsteller erstickt in Unfreiheit, wenn ihm die Möglichkeit, sein Geschriebenes zu publizieren, nicht zugestanden wird. Daß danach, wenn der eine wählen, der andere veröffentlichen darf, sich beiden neue Unfreiheiten in ihren Weg stellen, ist eine andere Sache. Die Freiheit ist kein ein für allemal zu erobernder unveränderlicher Raum: Sie ist ein permanenter Prozeß von neuen und immer neuen Befreiungen. Diese halten als Seinströstungen nicht vor. Aber wo sie nicht ins Werk gesetzt werden können, ist das Dasein unerträglich. Und wenn die Freiheit kein Existential ist, so sind es die einander ablösenden Akte der Befreiung. Sie gehören zum fundamentalen Projekt eines jeden und dauern alle Leben lang. Der Knabe fordert Freiheit vom Zwang der Schule. Der Jüngling möchte die Tafeln der sexuellen Gebote aus dem Boden reißen. Der Mann will die Freiheit hin zur Frau seiner Wahl und weg vom bindenden Ehegesetz. Der Greis ruft leise nach Befreiung vom eigenen Unvermögen. Ein jeder schließt am Ende die notwendigen Kompromisse, die sein Befreiungsanspruch eingehen muß mit den gleich ihm den Befreiungsprozeß vollziehenden anderen. Der Kompromiß ist allerwegen lahm oder faul. Er ist stets ein halber; der Vertrag wird nur mit Vorbehalten unterzeichnet. Wird auch gebrochen. Auf daß ein neuer und wieder unter reservatio mentalis zu unterzeichnender eingegangen werde. Jeder Befreiungsakt als Produkt der menschlichen Grundverfassung ändert sowohl Vergangenheit wie Zukunft. Ein neues Projekt wird konzipiert. Dieses alteriert nicht nur das bis zur Stunde in Geltung stehende, sondern auch die darauf bezogene Vergangenheit. Einer war Architekt und beschloß zu einem bestimmten Augenblick seines Lebens, Schriftsteller zu werden. Er befreite sich gleichsam vom Architekten und liquidierte damit nicht nur die architektonischen Zukunftspläne, sondern auch das Studium dieses Faches. Freiheit, Befreiung, wie wir lieber sagen wollen, „nichtet" ein bestimmtes Sosein. Sie ist ebenso konstruktiv wie destruktiv. Als Humanum ist sie freilich unter allen Bedingungen Negation in höherem Grade als Affirmation. Gewiß, sie affirmiert ein Projekt, dessen Realisierung dahinsteht, allerdings. Vor allem aber verneint sie vorgegebene Zwangsverfassung. So bleibt ein Stück Holz nicht mehr es selber unter schnitzenden Händen. Es wird zur Negation des Nur-Holzes. Und da Befreiung Zerstörung ist, findet sie ihre äußerste mögliche Bekräftigung im Freitod. Das gilt nicht? Denn Befreiung als Verneinung sei Verneinung und Befreiung nur im Hinblick auf ein Projekt innerhalb eines Daseins und dessen stets neuen Möglichkeiten? Und der Tod sei gerade, wie Sartre es sagte, kein Teil meiner Möglichkeiten mehr? Und also hatte ich dennoch recht vor Jahr und Tag, als ich das Wort hinsetzte von der „Narrengeschichte vom Freitod"? Zu sehen.

Im Augenblick sind wir noch nicht angelangt am Kreuzweg, an dem die Geister sich scheiden. Fortgeführt sei nichts als der Diskurs über die Freiheit im Augenblick und unter Hinhaltung. Man sagt, es seien zu unterscheiden Freiheit *zu* etwas und Freiheit *von* etwas: also Befreiung einerseits, um etwas zu tun, das ein Zwang uns verbietet, und Befreiung von etwas, das uns quält oder auch nur stört. Tatsächlich sind die beiden eins. Denn wenn ich sage, ich möchte nichts als frei sein *von* dem Druck auf der Brust, dann meine ich nicht, daß ich befreit sein will, um nun im Zustande der Drucklosigkeit hinzudämmern. Ich will die Last von meinem Thorax abwerfen, um ausschreiten zu können wie die anderen. Vom Verbot der freien Rede will ich befreit sein, um reden zu dürfen. Von der Pression der Armut, um zu reisen (oder auch nur zu essen).

Das Projekt, es sei als solches mir bewußt oder sei nur ein unartikuliertes Verlangen, hat den Vorrang; und jede Freiheit *von* meint eine Freiheit *zu*. Ich sprach eingangs vom uralten Manne, der, todeskrank, mir sagte, es seien dies nun seine letzten Tage, und in einem Moment trügerischer Besserung seines Zustands sein Lieblingsgericht, Kohlsprossen, verlangte. Das heißt: er wollte frei sein von den qualvollen Magenschmerzen nicht – oder nicht nur – um von ihnen frei zu sein, sondern um eben Kohlsprossen verzehren zu können. Wir befreien uns also in Permanenz, um etwas zu sein, etwas zu tun, das unser Sein verändert, unser gegenwärtiges Tun (oder Lassen) nichtet-vernichtet. Das ex-sistere ist Negation der Seinsfesseln und wird vollzogen, solange wir da sind. Ich möchte aufstehen, Doktor, sagt der Schwerkranke. Darf ich heute abend früher das Büro verlassen? fragt der Angestellte. Ich will etwas schreiben, denkt der Schriftsteller, was hinausgeht über das von mir Hervorgebrachte, will frei sein *von* dem, was ich tat, *zu* dem, was ich mir vornehme. Und darf man also sprechen von dem Drang, frei zu sein *von* etwas – *zu* nichts? Nein, wie wir gesehen haben. Ja: *Denn es gibt den Freitod;* und dieser setzt, rar, wie er immer sei, die Grenze existentialistischen Denkens und führt das Nachdenken an neue Ufer. Augenblicks ist die Metapher zurückzunehmen: Die Ufer sind keine. Aber der Freitod ist da und nimmt uns heraus, erlöst uns vom Sein, das zur Last ward, und vom ex-sistere, das nur noch Angst ist. Damit ist klar, daß die Frage nach Sinn und Unsinn des Freitods neu gestellt werden muß, auf die Gefahr hin, daß sie nicht beantwortet werden kann. Stellen wir sie aber ohne Hoffnung auf Antwort, dann erheben wir uns gegen Wittgensteins Behauptung: „Zu einer Antwort, die es nicht gibt, kann man auch die Frage nicht aussprechen." Nur: Dieses Wort ist, o logische Syntax der Sprache! keine Feststellung, sondern ein Imperativ. Der muß, ja kann gar nicht befolgt werden. Das „fragende Staunen", von dem Ernst Bloch spricht, erfaßt uns auch dort, wo wir wissen, es werde keine Befriedigung, keinen Frieden finden.

So ist, wir sehen es – ich sage nicht „deutlich", doch in aller Undeutlichkeit so, daß wir davon fürderhin nicht absehen können – der Freitod, der Freiheit *von* etwas verspricht, ohne aber, wie es die Logik gebietet, auch Freiheit *zu* etwas, mehr als nur Affirmation von Dignität und Humanität, gerichtet gegen das blinde Walten der Natur. Er ist *Libertät* als deren äußerste und letzte uns erreichbare Gestalt. „L'histoire d'une vie, quelle qu'elle soit, est l'histoire d'un échec", heißt es bei Sartre. Dieser échec ist für ihn das steinerne Sein, zu dem jedes Existieren wird: Die Jagd nach der Freiheit des ex-sistere, das sich dem Sein entringen will und von diesem immer wieder eingeholt wird, findet ihr Ende im Tod. „C'est la mort qui change une vie en destin", sagt André Malraux, und das Schicksal ist, da es doch in den Tod, unsere Negation, einmündet, ein unglückliches. Die Jagd wird aufgegeben; der Jäger geht beutelos dem Unaussprechlichen entgegen. Und da sollte es nicht Freiheit sein, die Hatz aus eigenem Entschlusse abzubrechen? Da sollte nicht, in der Erkenntnis, daß der Ekel vor dem Sein fundamental der gleiche ist wie jener vor dem ex-sistere, der Freitod meine im doppelten Wortsinne *letzte* Freiheit sein? Stets hat denn ja auch die Logik als Logik des Lebens kapitulieren müssen, und Sätze, die von positivistischer Philosophie als Scheinsätze abgetan werden, haben sich erhalten: Trost, dem Untröstlichen gewährt. Heine: „Gut ist der Schlaf, der Tod ist besser – freilich / Das beste wäre, nie geboren zu sein." Da haben wir eine jener als „Leerformeln" hurtig verscheuchten Aussagen, die Bestand hatten bis heute und bestehen werden, weit über die Lebensdauer der positivistischen Philosophie hinaus. Es ist ja klar: ein Bestes könnte nur ein Bestes sein, wenn es erlebt wird, und „der Ungeborene", der logisch auch als ein solcher nicht angesprochen werden darf, erfährt kein Schlechtes, kein Gutes, kein Bestes. Aber belangreicher ist, daß dennoch mancher den Wunsch Heines in sich trägt, ihn tiefer eingesenkt weiß und der Existenz unverlierbarer eingeboren als ein beliebiges religiöses Phantasma oder eine metaphysische Begriffsdichtung, die es allerweilen leicht hat, vermittels ihrer Hilfs-Hypothesen die Urwidersprüche aufzuheben. Leicht beieinander wohnen die Gedanken. Nur ist das Verlangen, nicht mehr zu sein und nicht zu existieren, kein „Gedanke" im üblichen Wortsinne; und darum schwer. Denn wer den Freitod erwägt, weiß sehr genau, daß er die Kontradiktion nicht auflöst, vielmehr sie lebt bis zur rupture: der Diskontinuität, die aller Kontinuitäten Ende ist. Die phänomenalen Fakten scheren sich wenig um Logik. Das Leben – verstanden hier als „Sein" sowohl wie auch als ex-sistere – ist Bürde. Der anzutretende Tag ist niederdrückendes Gewicht. Gewicht ist der eigene Körper, der uns zwar trägt, den aber auch wir tragen müssen – und niemals habe ich verstanden, wie fette Menschen es aushalten können mit sich. Last ist die Arbeit, lästig die Muße. Die Wohnung mit ihren Möbeln ist gewichtig. Der Lärm der Straßen und der Menschenstimmen muß ertragen, *ge*tragen werden – wie gescheit ist doch die Alltagssprache. Schwer ist der erigierte Penis, schwerer noch der hängende. Selbst die zartesten Brüste müssen mitgeschleppt werden. Auch rücken stets vier Wände gegen uns zueinander. Sie werden uns zerpressen, und werden Be-*schwer*-de sein. Wie sagt man es? Mein Herz ist schwer, j'ai le cœur lourd. Bedarf es da noch psychologischer Motivationen? Gewiß. Doch sind sie immer nur die Masken, hinter denen die Urtatsachen der Existenz sich verbergen. Dann verspürte ein Otto Weininger das Lästig-Lastende, das Untragbar-Unerträgliche in dem Faktum, daß in seiner Wahnwelt, von schimpflichen Weibern und schimpflicheren Juden bevölkert, nicht gut zu wohnen war. Dann *ertrug* Leutnant Gustl den Gedanken nicht, er würde des Kaisers Rock gegen elendes Zivil eintauschen müssen. Dann war dem Dienstmädchen ein Leben, das ihm die Liebe des Funkidols versagte, zu schwer.

Auszuforschen ist, ob, was ich vorbringe, nur Gültigkeit hat für den, der als Suizidär sich schon konstituierte. Denn sagte ich nicht selber, es sei das Leben *Welt?* Im Schifahren eisig-beißender, aber siegreich niedergekämpfter Winterwind. Im Sprung Luft, flügelleicht. Im Erfassen des Dinges, Leibes der Geliebten, Fleisches, das verschlungen wird, Feindes, den man tötet, Geliebte, Fleisch und Widersacher. Frage, nicht beantwortet, nur fast furchtsam gestellt: Weiß nicht der Suizidär es besser? Und müßte nicht sein Wissen verbindlich sein für jedermann? Denn Wind, Liebesleib und Fleisch und Feind werden im Akt des Ergreifens schon zum Ding und ich mit ihnen. So daß der Rest Bürde ist und Leichnam. Lebensekel davor, auch wo es zarte Erinnerung ist. Und Bürden schleudert man von sich, in Freiheit und um sich zu befreien. Da aber doch, wir sahen es, die Freiheit, welche folgt auf die Befreiung vom Gewicht des Seins und Existierens, nicht erlebt und also der Akt des Freitods sinnlos wird, nicht im Zwielicht seines Vollzuges zwar, aber im Hinschauen auf das von ihm angestrebte Ziel, und ich nach meinem selbstgewählten Tode weder frei sein werde noch unfrei, da ich doch nicht bin (und das Wort „bin" ist schon zuviel) – wozu soll es taugen, daß so unaussprechlich schwierige Hindernisse genommen, so gewaltige Triebforderungen erstickt werden? Ja, wozu? Zu nichts, es sei denn zur Hingabe an das, was ich die Todesneigung genannt habe. Doch ist auch das Sich-Anhingeben nur erlösend, solange ich lebe. – Ich glaube, wir sind hier endlich angelangt an der Crux unseres Diskurses. Der Freitod als pure und äußerste Negation, die keinerlei Positives mehr in sich birgt, so daß vor ihr alle Dialektik ebenso zuschanden wird wie alle fortgeschrittene Logik, mag in der Tat „sinnlos" sein.

Ich kehre ein für eine Atemrast in die Logik des Lebens und versuche, ihren Kontradiktionen auszuweichen; was nicht heißt, daß ich mich ihrem Gesetz völlig unterwerfe. Daheim, wiederum, in ihr, der einzigen, die sich sprachlich *als* Logik und ohne Ausflucht in Metaphorik ausdrücken läßt, versuche ich es mit der folgenden geistigen Fädenknüpfung. Wenn auch der Freitod in diesem Verstande sinnlos ist, verhält es sich nicht so mit dem *Entschluß* dazu. Dieser nämlich, hinzielend auf den Tod, aber der Anti-Logik des Todes noch nicht untertan, wird nicht nur in Freiheit gefaßt, er bringt auch reale Freiheit uns zu. Ich komme zurück auf das, was ich die „Abiturienten-Situation" genannt habe. Der Schüler, der angesichts der ihm unüberwindlich scheinenden Schwierigkeiten des Lehrstoffs es aufgegeben hat, der vertraut ist mit dem Gedanken, daß er durchfallen wird – ist frei vom unerträglichen Druck des Gedankens an die Prüfung. Übersetzen Sie diese Horaz-Stelle. Lösen Sie die Gleichung. Interpretieren Sie die vorliegende Hölderlin-Zeile. Aber mein bester Herr Studienrat, ich denke gar nicht daran! Ich pfeife auf Horaz und Hölderlin und sämtliche Gleichungen. Was wollen Sie von mir? Ich werde durchfallen: und was weiter? Vielleicht werde ich mich im morgendlichen Forst erschießen, wie Heinrich Lindner. Vielleicht werde ich die lukrative Karriere des Zuhälters einschlagen, und übers Jahr werden Sie nur noch ein armer Tropf in komisch geschneidertem Anzug vor mir sein. Der alternde Schauspieler, dem ein come-back in einer Neuinszenierung von „Macbeth" in Aussicht gestellt wurde, eine Rolle, der er sich angesichts des modernen Schauspiel-Codes nicht so recht gewachsen fühlt, sagt: Danke. I won't come back. I rather stay where I am. And shit on your production. Der Beamte, der die letzte Chance hinschwinden sieht, Vorstand seiner Dienststelle zu werden, denkt sich: Gut, ich steige überhaupt hier aus, man wird mich schon noch irgendwo einlassen, die Hierarchie ist eine lächerliche Sache, morgen geht sie mich nichts mehr an. Nicht anders verhält es sich mit dem Entschluß zum Freitod, wenn dieser auch kein Unterkommen verspricht. Im Augenblick, wo ein Mensch sich sagt, er könne das Leben hinwerfen, wird er schon frei, wenngleich auf eine ungeheuerliche Weise. Das Freiheitserlebnis ist überwältigend. Denn nun gilt nichts mehr. Die Last? Nur ein paar Meter noch ist sie zu tragen; ihr Abwerfen wird vorausgenommen in einem Rausch, der hoch über jeder anderen Art von Trunkenheit steht. Die Frage, ob dies Flucht sei, Flucht und Ausflucht, bleibt offen. Die Fluchtbewegung geht *von* etwas *nach* etwas: Dort, hinter mir, das Gefängnis mit seinen Zellen, vor mir die freie Nacht im Wald oder unter einer Brücke. Der Suizidär glaubt aber nicht, er werde irgendwo Unterschlupf finden, und sage er hundertmal aus Sprachgewohnheit, er flüchte aus der Enge in die Weite, aus dem Kampf in den Frieden. Er weiß, daß sich nichts ändert, alles aber aufhört. Voraussetzung seines Entschlusses als eines Aktes der Befreiung ist dennoch, daß es ihm *ernst* damit ist. Wenn alles schiefgeht, kann ich mich immer noch umbringen, reden viele so daher. Danach geht alles schief, und sie leben schief weiter, noch ein bißchen ärmer, trauriger, älter, kränker, einsamer, und die stolze Entschließung ist bald nur noch eine ferne Erinnerung, Landschaft, die man einmal visionär erblickte, deren sanfte Fluren man niemals betrat. Der authentische Suizidär macht es sich nicht so leicht. Es kann das Sterben, ein vielleicht schmerzensreiches, das sich hinzieht, ohne ihm noch die Möglichkeit zu gewähren, daß er frei handle, ihm zuvorkommen. Dann denkt er: Warum habe ich nicht? Es kann sein, daß er im Weiterschreiten, das nur noch ein Humpeln ist, erkennen muß, er habe den rechten Augenblick versäumt; seine Sache ist jetzt nur noch die Scham über das eigene Versagen. Die *brennende Scham.* Unwiderruflich bleibt doch der Moment der Entscheidung, der ihn erhob: Einmal lebt ich wie Götter, und mehr bedarfs nicht. Die draußen stehen, seien nun frei, zu denken wie sie wollen. Der hat doch immer hören lassen, er sei lieber tot als Sklav', wolle lieber sich aus der Welt schaffen, in Dignität, Humanität, Libertät, als die Demütigung der Abnahme zu erleiden. Und seht: Da lebt er hin. Ein Schwätzer. Einer, der das Leben verlor, ohne den Tod zu gewinnen. Unsereins hat sich durchgeschlagen, indem man Schläge einsteckte und welche versetzte, wo's nicht allzu gefährlich war. Unsereins ist kein Fehlentwickler und armer Narr. –

Ich räume alles ein. Und vor allem dies: Daß Seins-Ekel und Todesneigung in deren voller niederdrückender, *depressiver* Gestalt nur eine verschwindend geringe Anzahl von Menschen zu spüren bekommen, den anderen darf ihr ebenso illusionäres wie biologisch vorgeschriebenes Kleben an Sein und Existieren nicht verbittert werden durch bittere Rede. Niemals lebten sie wie Götter, und nie bedurfte es mehr. Sie haben affirmiert und negiert in einem Gleichgewicht, das die je anderen als „Welt" für sie einwogen, und wo es kein Äquilibrium war, fälschten sie besten sozialen und biologischen Gewissens das Gewicht. Demütigung und échec wurden im Handumdrehen ihnen zu Überwindung: die ist manchmal nichts als reines Zeitigen der Zeit. Da sagt sich denn der arme Teufel: So habe ich das alles hinter mich gebracht. Und war ich nicht allein darum schon tapfer und aller Ehren wert? Er nimmt das Dasein mit all dessen Misere an, das Zeitvergehen, Vergehenlassen hilft ihm. Und geht's zu Ende, meint er — soferne er noch einen Gedanken fassen kann, denn die Endzeit, hammerschlagende, betäubt seinen Kopf — er habe seine Pflicht erfüllt. Hier wird mit ihm nicht gerechtet: Wie wäre das auch möglich? Denn er ist ja, er, der Lebenspflichtentreue, der Mensch schlechthin, konstituiert in dieser Eigenschaft durch Biologie und Gesellschaft. Seine Sache, die immens majoritäre und darum normale, raubt erst der Tod ihm, dem er sich stellt, in Furcht und Zittern, die mögen aber Tapferkeit heißen. Der Suizidär nimmt sich klein aus vor ihm, wie ein versprengter Truppenkörper, der eingeholt wird von der mächtigen gegnerischen Armee, so ging es den längst abgeschnittenen französischen Soldaten in Sartres Roman „La mort dans l'âme". Ein paar nur, unter ihnen Mathieu Delarue, schossen vom Kirchturm aus auf den vorrückenden Feind, bis zur letzten Patrone. Helden? Daß ich nicht lache! Nur ein paar Verirrte, denen Dignität, Humanität und Libertät höher standen als das Leben im Stalag und was danach noch kam. Die waffenlos einrückten ins Gefangenenlager, hatten recht: Es leben manche von ihnen noch heute. Die vom Kirchturm schossen, waren aber darum nicht im Unrecht. Diese und jene wählten die Sache, die je die ihre war, und keiner darf keinem Richter sein. Daß die Gesellschaft schon gerichtet hat, zu ungunsten der Kirchturmschützen, ist ein Faktum. Ich taste es in seiner übergewaltigen Faktizität nicht an, wenn ich mein Wort einlege für die Verlorenen droben. Und da wir sie den Suizidären zuordneten, muß wohl nochmals und aus anderem Blickwinkel die Frage uns beschäftigen, ob wirklich *frei* ist, wer sich den Tod gibt.

Jetzt geht es nicht mehr um das logische Problem, ob eine Freiheit von etwas (der Seinslast) noch Freiheit ist, wenn sie nicht zugleich zu etwas uns freisetzt. Wir stehen, um es klipp und klar zu sagen, vor dem Fragezeichen, das hinter den Begriff *Willensfreiheit* immer noch gesetzt wird. Fast alles ist dazu gesagt worden, so daß es als ein kindisches Unterfangen erscheint, wenn ich mich auf ein Gelände hinauswage, auf dem die schärfsten Köpfe an unsichtbaren Riffen im Nebel jeglichen Philosophierens sich wund schlugen. Was ich hier sagen will, um diese Rede zu halbwegs gutem Ende zu bringen, ist kaum neu und gewiß nicht umwälzend, vielleicht hilft es uns dennoch ein Wegstück fort. Sehe ich richtig, so müssen wir uns in einen Bereich begeben, der jenseits von Determinismus und Indeterminismus liegt, so daß es uns also erspart bleibt, die Willensfreiheit mißverständlich zu begründen durch die Erkenntnisse der modernen Physik, die den mechanistischen Determinismus freilich über den Haufen warfen, die uns aber hier zu nichts nütze sind, denn es geht ja nicht um das „Verhalten" von Elementarpartikeln (die verhalten sich überhaupt nicht, das Verbum, an dieser Stelle angewandt, ist Unsinn!), sondern um die Entscheidungen von Menschen. Sie sind, diese Entscheidungsvorgänge, gewiß nicht „frei", soferne Freiheit übersetzt wird mit Ursachlosigkeit. Faßt der Suizidär den Beschluß, seine Existenz auszulöschen, dann unterliegt er, gleich der Majorität, die sich in gleicher Situation zum Weiterleben entschließt, einer quasi unendlichen

Multikausalität. Heredität, Umwelteinfluß, imponderable Spezifika der Situation, auch geistesgeschichtliche Sachverhalte, „Zufälle" wie „Notwendigkeiten", beide kausal oder auch nur statistisch-mechanisch bestimmt, es kommt dies aufs gleiche heraus, führen ihn an den Punkt, wo die quasi-unendlich zahlreichen Kausalreihen sich so schneiden, daß er daran verblutet. Nur ist es so, daß eben diese Kausalreihen sein Ich konstituieren und von ihm als sein Ich empfunden werden. Der Drogensüchtige sagt sich, daß er leider süchtig ist und darum unfrei. Aber jeder Entschluß, zur Droge zu greifen, wird als ein Willensakt gelebt, gerade *weil* Kontradeterminanten als Hindernisse dem Genuß des Produkts im Wege stehen. Im Raume des vécu ist der Mensch mit seinem Ich und als sein Ich frei — was da heißt: Er erlebt sich als frei und handelt, muß so handeln, als ob er frei wäre. Unsere Existenz lehrt uns dies, und alle Gelehrtheit geht leer aus, weil sie leer ist. Wir könnten noch keine Stunde existieren, würden wir darauf warten, wohin die Kausalreihen uns schleppen. Wir sind bedingt: Aber wir erleben uns als frei. Die gelebte Existenz im strengen Sinne der Naturwissenschaften als „kausal bestimmt" anzusehen, wäre ebenso sinnlos, nein, wäre viel sinnloser und lebenszerstörender als der Glaube an eine anschauungsleere und hierdurch jenseits jeglicher Erfahrbarkeit situierte transzendentale Willensfreiheit. Einschränkungen und „vernünftige Übereinkommen" sind auch bei solchen Erwägungen unerläßlich. Es ist wahr: Die transzendentale Willensfreiheit ist für uns nichts als ein Wort, geboren aus Wörtern. Gleichfalls bleibt richtig, daß die Kausalstränge in ihrer Totalität und unentwirrbaren Verknotung unser Ich bilden, das Cogito, das nicht nur denkt, sondern auch handelt und im Denken-Handeln als frei erfahren wird. Zugestanden muß werden, daß die erfahrbare, die gelebte Willensfreiheit

Grade hat, die das Erlebnis freien Handelns (in zehn Minuten rufe ich wieder an; morgen fahre ich nach Bordeaux; in den nächsten Monaten muß ich mein neues Buch beenden) je und je erweitern oder einschränken. Sartre gibt das Beispiel des Gefangenen: Der sei nicht frei, aber sei frei zu wählen, ob der den Ausbruch aus dem Gefängnis versuchen wolle oder nicht. „Nicht darauf kommt es an, was man aus dem Menschen gemacht hat, sondern darauf, was er aus dem macht, wozu man ihn gemacht hat." Unüberschreitbar und unauslöschlich Wahres und im Prinzipiendenken ungut Übersteigertes sind hier vermengt, und die Entmischung ist nicht einfach. Dem fußleidenden und hierdurch gehemmten Gefangenen wird der Entschluß, auszubrechen, schwerer fallen als dem gesunden, allenfalls unmöglich sein. Ich rufe in zehn Minuten wieder an – soferne nicht gerade mein Chef die Leitung besetzt hat, ich kann sein Gespräch nicht unterbrechen. Morgen fahre ich nach Bordeaux, „wenn nichts dazwischenkommt in letzter Minute", sagt der Vorsichtige. In den nächsten Monaten muß und werde ich mein Buch beenden, sagt der alte Schriftsteller, und denkt: Wenn ich nicht vorher sterbe und ein Fragment auf meinem Schreibtisch liegen bleibt. Wer betrunken ist, ist nicht frei, seinen Wagen so zu lenken, wie er es gewohnt ist, die Reaktionen sind verlangsamt. – Und schon stehe ich in Gefahr, mich zu verlaufen und einen Bereich zu betreten, den ich mir aus Gründen meiner Inkompetenz verbot: das weite Land der Psychologie. Ich halte darum ein. Wiederhole nur, daß ich frei bin, da doch mein Ich die Bedingtheiten in seiner Ipseität absorbiert, daß es aber Grade dieses Freiseins gibt und ich nicht gleich frei bin, heute wie morgen, gestern, wie ich es vorgestern war. Jedennoch, es läßt sich die uns beschäftigende Frage, ob und in welchem Ausmaße der Freitod tatsächlich ein freier ist, besprechen, ohne daß wir im engeren, gar fachwissenschaftlichen Sinne Psychologie betreiben müßten. – Weder sie, noch übrigens Soziologie. –

Augenblicks, wenn wir auch nur flüchtig die suizidologische Literatur aufnehmen, wird uns überzeugungskräftig klar, daß es nur eine ganz geringe Anzahl von „präsuizidalen" Situationen gibt, die nicht von einer erdrükkenden Mehrheit gemeistert würden, richtiger ausgedrückt: aus denen die Mehrheit nicht Auswege ins Leben hinein fände. Schon sind Psychologen und Psychiater da, uns vorzuhalten, daß eben dies der schlagende Beweis sei für die Unfreiheit des für sie unannehmbaren Freitods. Daß gerade an diesem Punkte volldeutlich werde, wie der Wille der Suizidäre und Suizidanten nicht mehr frei sei: Wären sie nicht als „Gestörte" in einer Zwangssituation, die nur für sie eine solche ist, da sie nicht mehr im Vollbesitze ihres Ich sind, sie würden handeln gleich der Mehrheit aller Menschen. Es ist zu fragen, ob solcher Einwand nicht aus einem logischen Irrtum resultiert. Mir scheint, hier macht die Prämisse, daß Weiterleben, wie auch immer, das Rechte sei, sich zur Konklusion. Im Augenblicke, wo ich das majoritäre Verhalten nicht als absoluten und alle Erwägungen bedingenden *Wert* einsetze, fallen Prämisse und vorgebliche Schlußfolgerung dahin. X hat sich umgebracht in einer Lage, in der Y, Z und alle Buchstaben des Alphabets und alle ausdenkbaren Symbole weiterlebten. Ist X, der Außenseiter, ohnmächtiger, seiner Willenskräfte nicht habhafter? Oder ist gerade *sein* Wille frei sowohl wie stark?

Ich werde mich hüten zu entscheiden, werde mich auch nicht beeinflussen lassen von den case histories, aus denen klar hervorgeht, es sei X, der Suizidant, immer schon anders gewesen als die anderen. Schwierigkeiten im Elternhaus. Fehlgegangene Erziehung. Frühe Delinquenz da, nachgewiesene neurotische Symptome dort. Was geht's mich an? Bestenfalls habe ich die Möglichkeit zum fast schon erheiternden Argument, daß ähnliche Dispositionen und Konstellationen anderwärts den Weg ins Leben nicht verbauten und darum der Suizidär bei seinem Entschluß frei ist. Frei. Und allein. Dies aber nicht vollkommen, sonst würde er nicht, wie wir es erkennen durften, mit seinem Akte eine Botschaft aussenden. Aber allein in der faktischen Durchführung seines beschlossenen Vorhabens. Da ist ihm keiner Gefährte: Doppelselbstmorde, wie man sie nennt, sind selten, und noch in diesen raren Fällen ist jeder einsam, der zum Akt Treibende wie der Getriebene. Und ein jeder ist frei, dem Grade seiner Freiheit in ihrer Totalität entsprechend. Wenn überhaupt, dann gilt hier Sartres Satz: „Tatsächlich sind *wir* Freiheit, die wählt; aber wir wählen nicht, frei zu sein." Keiner kann die Verdammnis zur Freiheit intensiver erfahren als der Suizidär. Denn: hier wird in der Freiheit und mit ihr zum Ende jeder Freiheit geschritten, einem Ende, das in seiner Unumkehrbarkeit nicht einmal mehr Zwang ist, aus dem auszubrechen man projektieren könnte.

Es könnte den Anschein haben, als sei hier nur Gedankenfreiheit ins Auge gefaßt. Sire, geben Sie – usw. Das Volk hat davon gar nichts, denn nicht frei gedacht, sondern frei agiert muß werden, anders geraten wir ins Dikkicht der „Innerlichkeit", der wohlfeilen Freiheit des Christenmenschen, der mit seinem Gott redet, vor seinem Fürsten aber ehrerbietig schweigt, bis dieser sagt: Rede, Kerl. Dem Anschein entspricht der Sachverhalt insoweit, wie die volle Freiheit im Entschluß zum Freitod erfahren wird, den einer im Zustand der rupture und Diskontinuität faßt, schlüssig weiterführt bis zum Moment „vor dem Absprung" und die Freiheit als weites Land, als eben das Freie – so wie man sagt: Gehen wir doch ein bißchen ins Freie hinaus – nicht mehr erlebt wird. Da aber andererseits, wie vorgebracht und logisch durchgedacht, der Entschluß nur Freiheitswert oder Befreiungswert erhält durch die Tatsache, daß es dem Suizidär ernst ist mit seiner Sache, reicht die Entscheidung pro suicidio denn doch über die bloße Gedankenfreiheit hinaus. Die Vorbereitungen werden getroffen (während eines längeren, kürzeren oder auch nur sekundenkurzen Zeitraums, es gilt gleich vor der Sache); werden also nicht gedacht, sondern *getan*, wie immer dort, wo das Denken schon Agieren ist und damit seinen Spielcharakter verliert. Die Freiheit zum Freitod ist nicht die suspekte Freiheit des Christenmenschen. Nicht mit Gott habe ich es zu tun im Prozeß der Bereitung, sondern mit einer Waffe, einem Strick, mit graugrünen Fluten, in denen mein Auge sich verliert, oder dem Asphalt, auf den ich aus dem 16. Stockwerk starre. Der Ernst des Beschlusses und der auf ihn folgenden Schlüssigkeiten sind tödlich: Und tödlich wird die Befreiung sein, und die Freiheit wird mit dem gewalttätigen Ausbruch aus dem Zwang verschwinden. So ist der Freitod zwar der atemgebende *Weg ins Freie*, nicht aber dieses Freie selber. Was die traumhafte Schönheit dieses Weges, wenn er auch verwachsen ist vom Dornengestrüpp des Trennungsschmerzes, nicht zerstört.

Als ich dieses Kapitel überschrieb mit einem Titel, den ich von Arthur Schnitzlers großem Roman holte und mir zu eigen machte, wußte ich wohl, ich würde mit ihm wieder in eine Kontradiktion geraten. Der Weg ins Freie ist Weg dann und nur dann, wenn ich ihn ernsthaft einschlage, führt aber in diesem Falle nirgendwohin. Wandere ich hingegen nicht in bitterer Entschlossenheit vorwärts, sondern spaziere nur stundenweise auf ihm, wie im Frühlingswind durch kahle Alleen, dann ist es überhaupt kein

Weg. Dann ist der Entschluß kein Entschluß, und die Befreiung ist ein Possen. Dies war mir deutlich. Woran ich nicht dachte, war das Werk selber, das ich als Symbol titelgebend zitierte. Es hat dieses Buch, wie alles von Schnitzler literarisch Hervorgebrachte, a most unhappy end. Alle Figuren streben vorwärts auf dem Weg ins Freie. Aber dann sterben sie wie Anna Rosner oder fallen in Knechtschaft wie der Dichter Heinrich Bermann. Schnitzler, von rohem Unverstand eingeschätzt und abgeurteilt als ein koketter Fünf-Gulden-Lebemann der Literatur, einer, der da „frühgereift und zart und traurig" seine Spiele spielt, ist in Wahrheit der große Erkenner sinnlosen Lebens und Sterbens, Freund des Todes, mit diesem so intim wie Thomas Mann, Wissender um todesträchtige Liebe, so tief wie Marcel Proust, Erkennender schließlich des Freitods, der geisterhaft immer wieder auftaucht in seinem Werk, in „Leutnant Gustl" nicht nur, sondern auch in dem schrecklichen Stück „Sterben", in der Novelle „Spiel im Morgengrauen", dem Drama „Das Märchen". Er wußte, daß für den Suzidär wie für den in Resignation oder faulem Vergessen weiter ein Spiel ohne Regel Spielenden der Weg ins Freie nur immer wieder in Einöden führt: die mögen der Tod sein oder die Resignation dessen, der an nichts mehr glaubt und sich nicht mehr achtet.

Man hat mir, ich möcht' es hoffen, die Abweichung verziehen. Anzufügen ist alsogleich, daß sie keine war. Woran mir lag, das ist der Hinweis darauf, in welchem Maße wir der Absurdität ausgesetzt sind. Damit meine ich nicht die auf eigentümlich willkürliche und in arbiträrem Kontext heraufbeschworene von Albert Camus. „L'Absurde" ist in Wahrheit zugleich alltäglicher und schrecklicher als der Sisyphos-Mythos, ein jeder von uns erlebt das Absurde, nur wenige nehmen das Erlebnis auf sich und führen es denkend und handelnd, „denkhandelnd", würde ich schreiben, klänge das Wort nicht so gequält, zu Ende. On s'arrange: dies eine der meistgebrauchten Formeln der französischen Umgangssprache, die knapp die Tatsachen widerspiegelt. Prousts Narrator, als Albertine ihn verließ, litt unsäglich; schließlich arrangierte er sich mit den Gegebenheiten seiner Realität, so gründlich, daß Albertine, als er von ihrem Tode erfuhr, ihm nicht mal eine Träne wert war. Die totale Absurdität des Lebens, das sich ständig selbst verzehrt, wird uns auch durch die Zeitgeschichte vermittelt: „Es geht vorbei, nachher war's einerlei", sagte Karl Kraus in dem berühmt-berüchtigten Gedicht zum Ausbruch des Dritten Reiches. Hitler. Er war uns, die er am liebsten einzeln aufs Korn genommen, was sag' ich: bei kleinem Feuer geröstet hätte, das Radikale-Böse schlechthin. Was ist er heute? Den Jüngsten irgend etwas Historisches wie Nero, nicht gerade sympathisch, aber nicht weiter des vielen Redens wert. Den Älteren ein Schurke unter anderen, man hat inzwischen von allzu vielen politischen Verbrechen vernommen. Den Betroffenen und Getroffenen selber? Seien wir ehrlich: auch ihnen hat das absurde, mit der Zeit und durch sie sich verbrauchende Leben seine scheußliche Gestalt schon verwischt. Ich denke nicht mehr oft an den Menschenfeind, man muß mich schon herausfordern, daß ich mich rühre. Geschichte: Sinngebung des Sinnlosen, soferne man mit dem Sinngeben sich abmühen will, was man aber vermeiden wird, wenn erst die Sinnlosigkeit erkannt ist. Theodor Lessing war nicht so querulantisch-verquert, wie man es behauptet, und Hegel vielleicht weniger groß, als die Tagesmeinung es fast terroristisch uns einbleut. Die Erkenntnis der Absurdität des Lebens, das auch dort échec ist, wo ein Lebensträger im Lorbeer prangt und sich spreizt, führt auf geradem Wege zum Gedanken an den Freitod, da muß nicht erst eine spezifische Konfliktsituation sich herstellen. Fügt sie sich aber der halb und halb gelebten, halb und halb aus dem Bewußtsein gedrängten absurden Grundkondition hinzu, verdeutlicht sie diese auf schreckhafte Weise. Dann wird die Last, die wir herumzutragen haben, un-er-träglich, tritt die Existenz uns als eine Prüfung entgegen, die zu bestehen unmöglich ist. So wird der Weg ins Freie gesucht, und auch von jenen, die wissen, daß es ein Holzweg ist, in zeitgemäßerer Metaphorik: eine jener Straßen, die so gut befahrbar sind wie alle anderen, die aber durch Verkehrszeichen mit rotem Querbalken als Straße ohne Mündung von den Verkehrsbehörden gekennzeichnet werden. Ich fahre da oftmals ein, um die Sache auszuprobieren: es stimmt immer. Villen, die spärlicher werden rechts und links. Am Ende dann ein karges Wäldchen oder Gehöft, das jede Weiterfahrt verbietet. Rückwärtsgang. Umkehrmanöver. Und stets der dringende Wunsch, nun einfach weiterzufahren, dorthin gerade, wo's nicht mehr weitergeht, in das Wäldchen hinein und über Stock und Stein, als wäre der kleine Wagen ein Tank, oder gegen die Hausmauer, als lenkte ich einen Bulldozer. Die Fahrt zurück ins Unfreie hat etwas Vernichtendes, wenngleich auch, und darauf ist zu beharren, etwas beschämend Tröstliches. Die Boulevards ziehen sich noch stattlich hin – wer hätte es gedacht, zuvor in der Versuchung, Wagen und Wäldchen und Villenmauer zuschanden zu fahren? Die kleinen Gassen nehmen den Fahrer an, tun so, als wüßten sie nichts von seinem schrecklichen Verlangen vorhin. Tun so – welch ein Unsinn! Sie tun nichts. Sind einfach schmale Verkehrsäderchen, gleichgültig, ja nicht einmal gleichgültig, nur opak seiend, wie die sich verengenden Coronargefäße, die ja auch dem Kranken nicht Schmerzen „bereiten" (sie tun noch lassen irgendwas), nur als Teil der feindseligen Welt verursachen; so verursacht ein Elementarpartikel die Bewegung eines anderen, ohne Liebe, ohne Haß. Der Wagenlenker lenkt ein, heimzu. Dort ist auch alles fremd und hostil: das Buch, das er nicht lesen mag, die Schreibmaschine, deren Hämmern auf die Dauer mörderisch ist. Und dringlicher wird der Wunsch nach dem Weg ins Freie. Nicht etwa, daß die Erkenntnis sich betröge. Sie vermittelt stets in wohlgegliederter und logisch-syntaktisch einwandfreier Sprache oder auch nur in trübe-vorbewußter Halbdeutlichkeit, daß hier das Freie ein Leeres ist. Kein Garten Eden mit prangenden Früchten, kein Ausruhen im Moos unter schattenspendendem Baum winkt, nichts ist da als jene kaltsteinerne Mondlandschaft, die wir kennen, seit die ersten Astronauten den Trabanten erreichten – und nicht einmal diese. Das Freie ist kein Freies, aber der Weg ist Weg ins Freie, gleichwohl. Man tritt ihn an, um die Qual zu endigen, und gibt im Fortschreiten auch die Augenblicke der Elevation dahin, niemals ohne die Trauer des Abschieds, immerdar im Gefühl des Abwerfens einer Bürde, die zu schwer wurde. Was kommt, sei nun Sache der anderen. Sie machen inskünftig mit mir, was sie wollen, im Vergessen und im Erinnern, dies ist vorher zu bedenken, denn auch darin liegt etwas wie Unfreiheit. Ich war der und der. Den Schriftsteller schleppt man noch eine Weile durch die Literaturgeschichte, bis man seiner leid wird. So machte man Theodor Körner zum großen Dichter, und so stieß man ihn ab; keiner liest mehr, von ein paar rarer und rarer werdenden Germanisten abgesehen, das Drama „Zriny“. Andere Namen wurden geschwinder von der Tafel gewischt: Theodor Kramer, Ernst Waldinger, sie machte beide der Andere, der nachblieb, zunichte durch sein gleichgültiges Vergessen. Gevatter Schreiner und Handschuhmacher haben als den überlebenden Anderen nur ein paar Familienangehörige. Die sagen: Welch ein guter Mensch, und

Kraut hat er gerne gegessen. Das dauert eine kurze Weile, dann sagen auch sie nichts mehr, und nicht einmal der Krautesser bleibt übrig. Des teueren Verbliebenen Name erlischt auf dem Grabstein, so viel Regen fällt ja. Geht es optimal, dann wird der Tote eine Mumie der Kunst- und Geschichtswissenschaft. Nofretetes Kopf gilt als schön. Was sie war, ist Historiker-Gerede geworden. Wallenstein sagte, er denke einen langen Schlaf zu tun, und anderes noch, vielleicht bei Golo Mann. Nichts führt die Welt des Generalissimus, die seine und *nur* seine war, wieder herauf. Dies heißt, daß ich mit meinem Weg ins Freie mich den anderen ausliefere, unwiderruflicher als vordem im Leben, wo mein Projekt zwar scheitern kann und tatsächlich scheitert in den meisten Fällen, *immer* scheitert vom Tode her gesehen, nun nicht einmal mehr sichtbar wird. Hölderlin konnte nicht protestieren gegen Norbert von Hellingrath und ist stumm vor Pierre Bertaux. „La mort est un fait contingent", Sartre. Der Tod gewiß. Wie aber verhält es sich mit dem speziellen Fall des Freitods? Mit ihm glaube ich, mich dem Anderen zu entreißen. Er ist als freier Tod in meinem Erlebnisraum nicht Kontingenz, im Gegensatz zum so benannten „natürlichen Tod". Er ist Projekt, freies einerseits. Da ich aber andererseits mit ihm nicht hingelange ins Freie, wird er im Endeffekt zu neuer Kontingenz und ist damit das Grundverkehrte ebenso wie das einzig der eigenen Lebenslüge gegenüber Wahre. Er liefert mich insoferne dem Anderen aus, als dieser nun mit meinem beendeten Leben verfahren kann nach Gut- oder Schlechtdünken. Mich aber hebt er über mich selbst hinaus und macht, was ich mir vormachte, zunichte – mit mir.

Lebenslüge. Wer von uns könnte hervortreten mit der tollkühnen Versicherung, er habe nicht Lüge gelebt, sondern seine ureigene Authentizität? Keiner. Denn diese, die sich ständig aufbaut, nur um sie selbst zu sein, sich in Permanenz zerstört, verschwindet, je eifriger einer ihr nachjagt, um so hurtiger irgendwo im Nebel. Man kann sein Leben rekonstruieren, den Spuren nachgehen. Was ich 1919 erlebte – den Eintritt in die Elementarschule, die unmittelbaren Folgen des Zusammenbruchs eines stolzen Reiches – wurde falsch im Lichte von 1930, wurde wahr in der Perspektive von 1940 und ist wieder Lüge, wenn ich heute mein Auge drauf richte. Belog ich mich schon im präsenten Erlebnis, und belüge ich mich zu dieser Stunde? Mache ich mein Gestern ebenso zur Unwahrheit wie meine Gegenwart, und ist vielleicht das Hingegangene nur deshalb verkehrt, weil ich es im Lichte der Lüge von heute sehe? Erkenntnistheoretisch läßt sich leicht der Nachweis erbringen, daß der Begriff der Wahrheit (zusammenfallend hier mit Authentizität) keine Legitimation hat. Die Gewißheit des falschen und lügenhaften Lebens, des Lügens in die Welt hinein und ins Selbst, hat dennoch ein jeder, der sein Abgelebtes erinnernd wiedererweckt – auch ohne daß er geistreiche, theoretisch abgesicherte Auto-Analyse unternähme. Es ist ja so viel, das heraufsteigt, ist erst der Entschluß zum Freitod des Menschen abschließender Entwurf, der erste Buchstabe von „Finis Operis". Selbstzärtlichkeit und Lebensekel, Erinnerungsseligkeit und Unseligkeit des Wissens um die Lebenslügen gehen eine unauflösliche Verbindung ein. Einer fragt sich, warum das Mädchen aus dem dunklen Kurpark, das nach billiger Seife roch und einen lächerlichen Namen trug, von ihm herausstaffiert wurde zur femme, femme fatale, wo sie doch nur fatal war in einem ganz anderen Sinne. Wie es kam, daß er eine andere, die in Gottes Namen eine böhmische Stupsnase hatte und selbstgeschneiderte, schlechtsitzende Kleider trug, ein armes Luder war in jeder Hinsicht, maskierte zum Arche-

typus verderblich-weiblicher Abgründigkeit. Wie es denn möglich war, daß er, Macbeth vor einem Publikum ahnungsloser Kleinstädter, sich berauschte an kindischem Applaus. So viele kleine Lügen, die sich zusammenzählen lassen zur großen. Die Exempel spiegeln die Albernheit des Alltags wider: Ein jeder wird für sich andere, vielleicht etwas würdigere finden. Daß er in der Lüge gelebt hat, wird auch er schließlich begreifen, nicht anders als Sartre, wenn er von seinen frühen Werken sagte, er sei bei ihrer Niederschrift „complètement mystifié" gewesen. Sein Buch „Die Wörter" ist nichts anderes als der Versuch, die Mystifikation der eigenen Kindheit aufzuheben: Und ist in aller literarischen Herrlichkeit wieder neue Mystifikation. Tatsache ist, daß wir uns erst im frei gewählten Tode voll erlangen. Er und nur er ist „la minute de la verité". Ich denke, also bin ich: Am Sinn dieses Satzes kann man zweifeln. Kein Geringerer als Wittgenstein hat es getan. Ich sterbe, also werde ich nicht mehr sein: daran kann nicht gerüttelt werden, es ist der Fels unserer subjektiven Wahrheit, die zur objektiven wird, wenn wir im Aufprallen zerschellen.
Weiteres Argument dafür, daß der Freitod in seiner Widersprüchlichkeit der einzige Weg ins Freie ist, der uns offensteht. *Er ist absurd, nicht aber närrisch, da doch seine Absurdität die des Lebens nicht mehrt, sondern verringert.* Das mindeste, was wir ihm rechtens zubilligen dürfen, ist die Zurücknahme aller Lebenslügen, die wir erlitten und nur kraft eben der Lügen zu erleiden vermögen. Manchmal meine ich, der Suizid müsse weniger absurd sein vor allen jenen Toden, von denen man meint, sie seien eine Passage, ein Durchgang zum Absoluten, wie er sich versinnbildlicht in gewissen präkolumbianischen Skulpturen, die kleine Tore, eigentlich nur längsschlitzige Öffnungen haben — dahinter steht nichts mehr. Durchgänge

also von nichts nach nichts. Ästhetische Spielerei, einem drangvollen Verlangen freilich nachgebend. Solchem Verlangen kann kein sprachlich ausdrückbarer Gedanke mehr entsprechen, und wenn ich die Gedankenkette weiter schmiede, muß ich erkennen, daß das „Absolute" nur ein Wort ist. Keine vorstellbare Realität entspricht ihm, nur die des irrealen, des irrealisierenden Bedürfnisses. Es ist kein Staat damit zu machen. Einer sagt, er ersehne etwas, doch wisse er nicht was, außer daß er sich wegsehne von etwas, das in seiner Etwaigkeit nun freilich als Bedrängnis von jedermann erfahren wird. Ein anderer spricht uns von seinem Hingezogensein zu Gott, er werde nach dem Tode in dessen Nähe kommen. Befragt nach dieses Gottes Wesensmerkmalen, verweigert er die Auskunft, einem Beschuldigten gleich, der vor dem Untersuchungsrichter Gebrauch macht von seinem Recht, nichts auszusagen, was ihn und seine Sache belasten könnte. Allein damit belastet er sich allerdings schon: Der Richter nimmt die Verweigerung zur Kenntnis, als sei sie Selbstanklage. Der Begriff Gott, anschauungslos und darum leer, ist nicht besser als das Absolute, und mit dem Herrn als dem Garanten für der Aussage guten Sinn kann niemand auftrumpfen. Der Kontrahent, wenn er sagt, es sei das Leben als Leben-zum-Tode absurd, es erwecke Ekel in seiner Lügen-Opazität, die Todesneigung sei die einzige Haltung, die der Seinslast gemäß sei, und der Gott des Anderen sei vorstellbar nur als Demiurg, und der Freitod als Entschluß und Akt, wenn auch nicht als Ergebnis, sei Antwort auf alle unlösbaren Fragen, die gestellt werden dürfen auch ohne Hoffnung auf Antwort — er ist in besserer Position als der Mann Gottes und des Absoluten. Der wartet ergeben, bis der Schnitter kommt in irgendeiner von den vielen ganz abscheulichen und unzumutbaren Gestalten, in denen sich zu verkörpern es ihm gerade beliebt. Der schnelle Herztod ist die freundlichste. Aber die Gehirnerweichung, an deren Ende die Lähmung des Respirationszentrums steht? Aber der Krebs, dessen Metastasen das Leben als „Reizwucherung des Seins" greifbar und in gräßlichen Schmerzen fühlbar machen? Aber der Streik der Nieren, der nur gebrochen werden kann von streikbrecherischen Geräten, so daß ein atmender Kadaver auf einem Hospitalbett liegt und röchelt? Ich weiß, daß, was Schopenhauer so dumm nicht, wenn auch begrifflich ausgezerrt bis zur Auszehrung, den *Willen* genannt hat und was als Trieb zur Ich- und Arterhaltung uns alle leben und aushalten macht, so daß der höchst ungleiche, weil von vorneherein schon verlorene Kampf ausgefochten wird bis zum Ende, so machtvoll ist, daß er die Absurdität des Daseins zwar nicht ausgleichen, doch wohl verdrängen kann. Ich weiß, daß dieser Wille unseren Respekt fordert. Wer ihm gehorcht, der verwirklicht die Natur, ist Vollstrecker des obersten Seinsgesetzes. Wahnsinnig bis verbrecherisch wäre, wer da zum Weg ins Freie aufriefe. „Man muß doch leben", heißt es, und „Man will leben" ist die Tatsache, vor der wir stehen. Nur muß nicht jedermann „man" sein. Wer sich im Namen von Humanität, Dignität und Libertät erhebt gegen das Gesetz, wer innerhalb des absurden Gesamtsystems absurde résistance leistet, den wollen wir zwar nicht als Helden feiern, es wäre dies so lächerlich wie die Veteranen-Zeremonien, nur sollen wir seine verschmähte und geschmähte Handlung gelten lassen. Sie soll das sein, als was der Suizidant sie wollte: ein Weg, und wir dürfen uns die kostenlose Spötterei, daß es kein Weg ins Freie sei, versagen. Mit den Worten Villons und Brechts, den Armen unterlegt, kommt auch der Suizidant bei uns an: „Ihr Menschenbrüder, die ihr nach uns lebt / Laßt euer Herz nicht gegen uns verhärten ..." Aber der Bitte wird nicht stattgegeben. Die Her-

zen verhärten sich ganz unbrüderlich, müssen dies, denn anders zerbräche ihr Mechanismus. Wer den Weg ins Freie geht, tut gut, auch dies einzubeziehen ins Kalkül. Es wird sein, als wär' er nie gewesen oder *anders* gewesen: Gleichung, die aufgeht im Nu.
Nichts mehr bleibt zu sagen. Oder ich müßte wiederbeginnen mit der Situation „vor dem Absprung". Und alles würde sich wiederholen, ohne Ende, wie ein Kanon, ein Lied, das keiner voll aussingt. Von hier aus geht kein Denkweg weiter. Der Ring ist geschlossen, betrachten wir ihn, geraten wir ins Grübeln; wir finden seinen Anfang so wenig wie sein Ende. Das Nachdenken über den Freitod kommt erst mit diesem zu dem Ergebnis: Aber es wird dieses so wenig erlebt wie der Tod überhaupt. Was erfahren werden kann, ist nur die Absurdität von Leben und Sterben und – wo der Freitod gewählt wird – ein absurder Freiheitsrausch. Dessen Erlebniswert ist nicht gering. Denn wie ein Blitz durchzuckt uns, wenn es soweit ist, die Erkenntnis, es war das Ganze das Unwahre. Erkennen, allein, das zu nichts taugt im Leben. Denn noch der Suizidär, wenn er der Absprung-Schwelle sich annähert, muß Anmaßungen des Lebens sich gewachsen zeigen, anders fände er den Weg ins Freie nicht und wäre wie der KZ-Häftling, der es nicht wagt, an den Draht zu laufen, die Abendsuppe möchte er noch verschlingen und dann das heiße Eichelgebräu am Morgen und wieder eine Rübensuppe mittags, so geht es weiter. Jedoch: Lebensanforderung ist hier – und nicht hier allein – Forderung, einem Leben ohne Würde, Menschlichkeit und Freiheit zu entrinnen. So wird der Tod zum Leben, alswie das Leben von der Geburt an schon Sterben ist. Und Negation nun mit einem Male wird Positivität, wenn auch nichtsnützige. Logik und Dialektik versagen in tragikomischem Einverständnis. Was gilt, ist die Option des Subjekts.

Aber recht haben die Überlebenden, denn was sind Würde, Menschlichkeit und Freiheit vor Lächeln, Atmen, Schreiten? Geltung also gegen Recht und Richtig? Würde wider die Voraussetzung jeglichen Würdigseins? Und Menschlichkeit gegen den Menschen als lebendes, lächelndes, atmendes, schreitendes Wesen?

Es steht nicht gut um den Suizidär, stand nicht zum besten für den Suizidanten. Wir sollten ihnen Respekt vor ihrem Tun und Lassen, sollten ihnen Anteilnahme nicht versagen, zumalen ja wir selber keine glänzende Figur machen. Beklagenswert nehmen wir uns aus, das kann ein jeder sehen. So wollen wir gedämpft und in ordentlicher Haltung, gesenkten Kopfes den beklagen, der uns in Freiheit verließ.

COTTA'S BIBLIOTHEK DER MODERNE

1 Ernst Jünger:
Der Arbeiter

2 G. K. Chesterton:
Der Mann, der Donnerstag war

3 Jean Améry:
Lefeu oder Der Abbruch

4 Pierre Jean Jouve:
Die leere Welt

5 Doris Lessing:
Eldorado

6 E. E. Cummings:
Der ungeheure Raum

7 Wilhelm Lehmann:
Bukolisches Tagebuch aus den Jahren 1927–1932

8 Gottfried Benn:
Frühe Lyrik und Dramen

9 Louis-René des Forêts:
Der Schwätzer

10 James Agee:
Die Morgenwache

11 Georg Britting:
Lebenslauf eines dicken Mannes, der Hamlet hieß

12 F. T. Marinetti:
Die futuristische Küche

13 Eudora Welty:
Ein Wohltätigkeitsbesuch

14 Louise de Vilmorin:
Madame de…

15 Ernst Jünger:
Maxima – Minima.
Adnoten zum »Arbeiter«

16 Ilja Ehrenburg:
Das Leben der Autos

17 Doris Lessing:
Die Versuchung des Jack Orkney

18 Erwin Chargaff:
Kritik der Zukunft

19 K. A. Porter:
Der gesprungene Spiegel

20 Stefan George:
Gedichte

21 Jean Améry:
Hand an sich legen.
Diskurs über den Freitod